# 你能
# 創造奇蹟

希爾 博士◎原著
李潤生 教授◎編譯

# 前言

每種逆境、每種令人不愉快的境遇、每種挫折和每種身體痛苦，都隨之帶有等量利益的種子——愛默生的《補償論》詳盡地證實了這個真理。

當我在等待牙醫師給我拔去最後的九顆牙齒，準備安上一副假牙。許久之後，我不禁問道：「醫師，你還沒有準備好給我拔牙嗎？」

醫生聽了臉上顯出驚訝的神色答道：「什麼？我都快拔完了，還只剩三顆。拔出來的牙齒，就在你面前的小桌上呢！」

哎呀！我竟然對拔牙過程一無所知！於是醫生就和我攀談起來，這使我萌發了「等量利益種子」的觀念，作為對我所經受的牙科手術的補償。而那顆「種子」就包含在本書的計劃和目的中，本書就是受到那次談話的鼓舞而寫的。

等我也把另外三顆拔下來後，牙醫師問道：「我在給你拔前面那六顆牙時，你的心跑到哪裡去了？」

「到廣播電台去了，反覆講述下星期日我的廣播稿。」我答道。

「唔，」。牙醫師叫道，「三十年來，你是第一個拔牙時若無其事的患者，你究竟是怎樣做到的呢？」

我答道：「很簡單的，你開始拔之前，我就為拔牙調節好我的心理了；也就是我完全遠遠脫離拔牙過程本身，而把我的心理集中到某件令人愉快的事情上。」

牙醫師答道：「如果你懂得如何教別人如何為牙科手術調節心理，以便排除對它的恐懼，甚至寫成一本書，發表你的方法，那麼，美國的牙科醫生就可幫助你在一年內賣出一百萬冊。」

那天，在我離開我的牙醫師診所之前，我就計劃好了寫這本書，並且還列出了一個完整的大綱，說明我用了什麼樣的方法把對牙科手術的恐懼，轉變成了一種壯麗的插曲。

在我把這個方法提供給你之前，我得先幫助你調節你的心理，才能進而告訴你實際的方法，正如同一個人必須弄懂了初等數學，然後才能進而學習高等數學；同理，一個人必須先研究與心理控制有關的重要問題，逐步獲得心理控制的知識，然後才能學會這個方法。

我將在本書中揭示的心理控制方法，可以幫助你掌握許多你所不喜歡的人生境遇，諸如身體的痛苦、憂愁、恐懼和失望。同時也可以使你獲得你所喜歡的事物，諸如寧靜的心情、自我理解、經濟富裕和一切人際關係中的和諧。

最初，我只打算寫一本幫助人們適應牙科和各種手術的心理調節的書，但是當我開始列出書的內容大綱時，我揣想到一個比原來更大得多的目的——向讀者獻出我經過四十多年研究才獲致的人們的成功和失敗、幸福和苦難原因的豐碩成果。

在書中，我介紹了十幾個最偉大的人生奇蹟，讀者可以藉由這些奇蹟，發現和擁有我所闡述的十二種巨大的財富。這些奇蹟，完全都在你的控制之下！它能給你帶來寧靜的心情，給你十分平衡的生活，使你成為自己真正的主人。我也將說明一些可用以把恐懼、貧窮、悲哀、挫折和身體痛苦轉變為鼓舞人的有利力量的方法，希望對每個人都大有裨益。

# 目錄

第1章　人人都能創造奇蹟
◆從無耳嬰兒的故事談起／018
◆心態的重要性／022
◆積極心態的特點／024
◆如何控制心態？／029

第2章　縱覽壯麗的人生
◆發現巨大財富的坎坷歷程／034
◆一個由赤貧到巨富的黑人文盲／035
◆成功的線索／037

第3章　從改革中求成長
◆「改革律」的意義／042
◆守舊會阻礙改革與進步／046
◆收銀機的出現／047

Content

◆銀行制度的改革／048
◆「改革律」的重要／048
◆愛迪生的第一個主要挫折／050
◆要勇於迎接逆境的挑戰／051
◆習慣與七種基本恐懼／053

第4章 看不見的嚮導
◆看不見的嚮導是與人共存的／058
◆八位人生嚮導王子／059
◆貫徹你人生的主要任務／067

第5章 人能征服疼痛，就能征服挫折
◆把疾病視爲一種幸運／076
◆一位寡婦從困境中崛起的故事／081
◆自我控制／085
◆積極應用自動暗示／086

# 目錄

◆五種你能應用而獲益的力量／091

## 第6章 人生是在戰鬥中求成長

◆戰鬥的必要性／096
◆戰鬥要有正確的目的／097
◆戰鬥的巨大作用／097
◆最堅韌的橡樹／099
◆戰鬥才能成功／099
◆戰鬥給人無限利益／101

## 第7章 怎樣征服貧窮

◆人對貧窮的心態決定貧窮的禍福／104
◆從貧窮中崛起／107
◆人人有擺脫他不想要的東西的特權／110
◆貧窮能轉變成富裕和成功／111
◆十二種巨大的人生財富—貧窮的剋星／113

Content

## 第8章 化失敗為幸事


◆十二種巨大的人生財富自我測試／121
◆失敗的好處及例證／126
◆繼續嘗試／130
◆五十四種失敗主因的自我測試／134


## 第9章 化悲痛為力量


◆悲痛的積極作用／142
◆悲痛的雙重性決定於心態／144
◆化悲痛爲建設性行動／146
◆悲痛不是自憐的藉口／149


## 第10章 建立新習慣，達到新目標


◆你有決定自己習慣的特權／152

## 目錄


◆你有無限的潛力／154
◆充分利用你擁有的人生條件／155
◆百折不回，萬難不停／156

第11章 善用宇宙平衡律
◆以「平衡律」致勝／160
◆你能做人生境遇的主人／161
◆根據「平衡律」獲勝有妙方／162

第12章 珍惜我們最寶貴的時間財富
◆時間的多種功能／168
◆時間會用更好的機遇來救援你／169
◆珍惜時間的絕招／170
◆充分利用時間，追求自我改進／171

Content

## 第13章 調整生活方式

◆調整生活方式，把握機遇／176
◆如何調整生活方式？／177

## 第14章 開發無限的心理力量

◆成功和失敗都是應用心理的結果／180
◆善於開發心理的九種功能／181
◆調節心理的訣竅／186
◆疑病症，醫生的最怕／189
◆如何影響下意識心理？／192
◆如何調節心理以適應牙科手術？／194
◆禁食的好處／196
◆信心是力量的象徵／199

# Part 1

# 人人都能創造奇蹟

## 1．從無耳嬰兒的故事談起

一位焦急的父親在醫院手術室前的走廊裡背著手踱來踱去，等待著妻子生了男孩、還是女孩的消息。

手術室的門打開了，兩位護士走了出來，經過這位等待著的父親，卻沒有朝他的方向望一眼，手術室裡的醫生來到手術室門口，猶豫了一會兒，做出手勢，要這位焦急的父親進去。

「在你進去之前，」醫生開始說，「你必須準備好接受一件會使你震驚的事——他是一個男孩，生下來就沒有耳朵，當然，他一輩子將會是一個聾子！」

「他可以一生下來就沒有耳朵，」這位父親叫道：「但是，他將不致於聾啞過一輩子！」

「請不要太激動！」醫生答道。「但是，你最好還是準備接受這種事實吧！醫學上有記載有像你兒子那樣的情況；但是，從未聽說過那樣的孩子當中，曾經有過一個人學會了聽。」

父親說：「醫師，我非常尊敬你的醫術；但是，就某種意義說來，我也是一位醫生，因為我已經發現了一種強有力的藥品，實際上它足供人們處於每種境遇中的需要。一個人在應用這種藥品時所必須採取的第一步，就是拒絕把他所不喜歡的任何境遇做為不可避免的事物來接受；就在此時此地，我該告訴你：我絕不會把我兒子的缺陷，看做是某種永遠不能糾正的東西。」

這位醫師沒有作答，但是他臉上顯出的驚愕表情清楚地在說，「你這位可憐的傢伙，我為你感到悲哀；但是，你將發現：有些人的人生境遇是不得不接受的。」

父親走進室內，安靜地站著凝視嬰兒，這時他彷若看見一種景象：醫師判斷的——「有些事人們是不得不接受的。」

時間迅速地向前流逝……

二十五年後，另一位醫師從診療室裡微笑地出現了，他手裡拿著幾張X光片。「真是奇蹟！」他叫道，「我已經從每種可能的角度給這位年輕人的頭部照了幾張X光片，而我並沒有看到他具有任何形式的聽覺器官的證據。然而，我的測試卻顯示他有95％的正常聽力。」

這位醫師是紐約市一位著名的耳科專家，他手中所拿的那幾張X光片是他給一位年輕人拍攝的；如果不是多虧這位年輕人父親的積極努力，與多虧年輕人自己拒絕接受那種經受一生聾啞生涯的命運，他無疑地必須歷經一生的聾啞歲月。

我能保證以上這些話的正確性——因為我就是這位父親。我拒絕接受像生下來就沒有耳朵這樣巨大的苦惱，是一種不可救藥的境遇。

我幾乎在長達九年的期間，把我的大部分時間用於研究一種力量！終於，這種力量恢復了我兒子的正常聽力達65%。這種聽力足以使他能讀完小學、中學和大學，取得了最優異的成績。這種聽力足以使他能調節自己，適應生活，以便能正常地生活，沒有像大多數聾人所遭受的那樣不便和困窘。

這個「奇蹟」是怎樣被創造出來的呢？

這個生來就沒有耳朵的孩子的頭部內發生了什麼，以致他能發展足夠的聽力，使他能過著滿意的生活呢？

那位耳科專家說道：「毫無疑問，是父親通過孩子的下意識心理給孩子做了心理指導影響，而形成某種神經系統，用以把大腦和頭顱的內壁聯繫起來，並使孩子經由骨傳導，能夠聽到聲音。」

我希望讀者在讀完本書後，能揭示拯救這個孩子不致於做為一個聾人度過一生的「奇蹟」的真相——這就是我寫本書的主要目的。

筆者最初感知到這個「奇蹟」時，便受到了它的幫助，那時，我還是一位十足的年輕人哩！它已幫助我征服了人類的四大敵人——恐懼、迷信、無知與貧窮。

許許多多人在這些「敵人」面前未戰先降，因為他們不了解如何應用「奇蹟」，來拒絕人生中他們所不想要的東西。

你用以研讀本書的心態，能在很大程度上決定你將在何時以及在本書中的何處發現這個祕訣。因此，讓我們把我們的注意力轉向「積極心態」的某些深奧的潛力。

「如果你能控制你的心態，你就可以控制能夠影響你生活的一切境遇，包括無論什麼樣的恐懼和憂慮！」

## 2．心態的重要性

讓我們分析一下「心態」在我們生活中所起的作用，然後我們就會了解它有多麼重要。

你的心態，是積極的、還是消極的？是友好地吸引人們或冷酷地排斥人們？而你是決定你的心態走向哪裡的唯一的領航人。

心態是保持良好身體健康的一個重要因素。所有的醫師都知道，他們之中大多數人也將承認：在治療身體疾病方面，病人的心態比任何其他單獨的因素都更重要。

心態是一個人從祈禱中能獲得什麼樣的效果的決定因素——也許是最重要的因素。人們很久以來就知道了：一個人用被「恐懼、懷疑和焦慮」所動搖的心態去祈禱時，就僅僅能獲得消極的結果。一個人只有以「信心」堅定的心態去祈禱時，才有希望獲得積極的結果。

當你在開車時，你的心態能決定你是一位安全的司機，或者是一位置你自己和別人的生命於危險境地的肇事者。據說大多數汽車事故的發生是由於司機方面的酒後開車、憤怒，或某種形式的過度焦慮與憂愁。

你的心態在很大程度上決定你能獲致寧靜的心情，還是在挫折和苦難狀態中度過一生。

心態是你的推銷術的關鍵問題，不論你銷售的東西是什麼——商品、個人服務或任何日用品。心態能大大地控制一個人在人生中所佔的地位，一個人所取得的成就，一個人所交的朋友，一個人對子孫後代所做的一切貢獻。

如果我們說：「心態心就是一切」，這也不能算是過份的誇張。

心態，是一種人人可以用來調節當他經受外科、牙科或各種手術時，而不會恐懼身體疼痛的心理的方法。

上天授與每個人完全的、不可改變的特權去控制的唯一事物，就是心態。我們不能控制別人的思想或行動。我們既不能控制我們進入人生，也不能控制我們退出人生；但從我們開始思考的時候起，到我們的生命結束為止，我們確實擁有控制我們每種思想的權利。

造物主意圖賦予每個人完全控制自己思考的特權，你把這視作個人的無價資產，這是合邏輯的，也是正確的；因為思想是唯一的，個人可以用它來安排自己的人生，過著自己所選擇的生活的一種方式。

詩人亨利（Henley）必定懂得這個偉大的真理，因為他曾寫過這樣的詩句：

我是我命運的主人，
我主宰自己的心靈。

真的，我們只要能高度準確地控制我們的心態，指揮它達到確定的目的，我們就可以成為自己命運的主人，就可以主宰自己的心靈。

## 3．積極心態的特點

只有積極心態才能使人在日常生活的事務中得到報償。所以，讓我們來看看積極心態是什麼，我們怎樣才能得到它，並把它應用到為獲得我們在人生中所想望的事物和境遇而進行的戰鬥中去。

積極心態有許多方面，它在應用到能影響我們生活的各種境遇時，又有無數的組合形態。

1・積極心態有一個固定不變的目的：使每種經歷，不論它是令人愉快或者令人不愉快的，都能產生某種利益，這種利益能幫助我們用一切能導致寧靜心情的事物來平衡我們的生活。

2・積極心態慣於積極尋求伴隨我們所經歷到的每種失敗、挫折或逆境而來的「等量利益的種子」，並且在尋到了它之後，還要使它發芽，長成某種有利的事物。只有積極的心態才能認識到隨著一個人所經歷到的，一切令人不愉快的事物而俱來的教訓或等量利益的種子，從而獲得利益。

3・積極心態慣於保持心理忙於從事有關一個人在人生中所想望的事物和境遇，擺脫一個人所不想望的事物和境遇。大多數人總是懷著由恐懼、焦慮和對境遇的擔心所支配的心態走過一生的行程，這些消極的東西遲早總要設法找到一條出路，表現出來。這個真理中奇怪的一部分就是：這些人常常責備別人要負起因他們的消極心態給他們自己所帶來的種種不幸的責任。心理能用一種確定的方式表現一個人的思考，以佔有等價的物質。如果按照貧窮思考，你就會在貧窮中生活。如果按照富裕思考，你便會吸引富裕。一個人的思想，通過永恆的、和諧的吸引律，總能按照思想的性質，以事物的形式，表現思想本身。

4．積極心態慣於把一個人所碰到的一切令人不愉快的境遇僅僅看作是個機會，供人用以測試他是否有能力去探索「等量利益的種子」，並使它起作用，以便上升到那種境遇之上。

5．積極心態慣於正確評價一切問題，善於識別那些你能解決的問題，和那些你不能控制的問題之間的差別。持積極心態的人能努力解決他能控制的問題，而使他自己同那些他不能控制的問題保持著不受干擾的關係，使那些問題不能影響他的積極心態變為消極心態。

6．積極心態能幫助一個人體諒別人的過失和弱點，而不會被別人消極想法所震駭，也不會受他們思想方式的影響。

7．積極心態慣於懷著確定的目的進行活動，充分相信那個目的的健全性和達到那個目的的能力。

8．積極心態慣於提供服務時不限於自己所應負責的界定範圍，而能提供比自己不得不做的更多更好的服務，並且能用友好而愉快的態度提供這種服務。

9・積極心態慣於選擇一種確定的目標，並能毫不猶豫地前進，以達到這個目標，不顧別人的稱讚或譴責。

10・積極心態慣於總是尋找別人身上的優點並且盼望找到這種優點，同時也準備認識別人的缺點，而不致被別人的消極心態所震驚。

11・積極心態慣於用理智和意志力來控制和征服一切情緒，使它們經得起考驗。

12・積極心態慣於面對一切能影響個人生活的、令人愉快的和令人不愉快的事實；當令人不愉快的偶然事件發生時，它仍然能保持冷靜的頭腦。

13・積極心態承認「無限智慧」的普遍力量，承認人們運用信心，可以佔有這種力量，並用以達到確定的目的。

14・積極心態是美國「嗜酒者互誡協會」所用的主要手段，「協會」已經用這種手段幫助無數的男男女女自行矯正了嗜酒的惡習。它也是戒菸的基礎。

15・積極心態是心理調節的手段，它可消滅一切類型的恐懼。

16．人們可以用積極心態把不愉快的習慣境遇轉變為某種形式的利益。因為一切習慣，好的或壞的，都是由人的心態建立的。

17．人們可以用積極心態來執行固有的權利，完全控制自己的心理，而不受任何人的幫助和阻礙。積極心態可以將各種境遇中的絆腳石轉變為前進的墊腳石。

你的心態可以借助傳心術顯示給別人，而不用說話、姿勢或行動。它是有感染力的。在吃飯時你的心態可以幫助消化或者妨礙消化；消極心態則能完全麻痺消化力。

借助適當的調節和控制心態，可以調節一個人的心理，使他在面臨任何令人不愉快的境遇，甚至包括親人死亡的突然事件時，都將不致被它弄得煩亂不安。

心態是橫在人生之路的雙向門，你可以把它轉到一邊，進入成功；轉到另一邊，進入失敗。悲劇在於大多數人把這個門轉到錯誤的方向了。

病人積極或消極的心態，乃是醫師在治療病人疾病時最好的助手，或者最大的障礙。

由此可知心態能影響我們所碰到的各種經歷，而它又「總是在我們的控制之下」，從而就能很容易理解：為什麼「心態就是一切」了。

## 4．如何控制心態？

控制心態的起點是動機和願望。沒有一個人做任何事是沒有任何動機的；一個人的動機愈強烈，也就愈容易控制心態。

有許多因素能影響和控制心態，例如——

1．熾烈的願望——基於激勵所有的人努力進取的九種動機中的一種或幾種，以達到確定的目的。

2．調節心理——以便自動地選擇和貫徹確定的積極目標，借助「八個嚮導王子」或某些相似的技巧，以便保持你的心理熟睡或者醒著時，都懷著積極的目的忙碌著。

3．親近那些能鼓舞人們積極努力達到積極目的的人們，拒絕接受懷有消極心理人們的影響。

4．自動暗示——能運用自動暗示的方法，就能不斷地給予心理積極的指導，直到它能吸收這些教導所要求的事物。

5．深刻認識你所專有的特權——通過採納和應用積極的心態，控制和指揮自己的心理。

6．借助自我暗示的力量——使你在熟睡時能把確定的指令傳達給你的下意識。

愛迪生的積極心態支持他經歷了一萬次失敗後，而發明了白熾電燈；這個發明迎來了偉大的電氣時代，給我們提供了巨大財富。

亨利．福特的積極心態使他得以在製造他的第一部汽車的早期競爭中處於領先地位；他在建立不朽的工業中，把積極心態當作他最偉大、最重要的資產；這個工業使他比克利薩斯（Croesus）更富有；並且直接和間接地給一千多萬人提供了工作。

安德魯．卡內基（Andrew Carnegie）的積極心態使他從貧窮和陰暗中崛起，成為他建立工業的主要資產；這種工業誕生了偉大的鋼鐵時代。

印度甘地的積極心態（他稱之為消極抵抗）是統治印度達許多世代的英國強大軍事力量的強大對手。正是甘地的積極心態把他兩億多同胞組成了一個「集體心理」聯盟，這些人給他的消極抵抗增添了巨大的力量，因而從英國的控制下解放了印度，卻未放一槍，未損一兵。

正是宏偉的舊金山「金門」跨海大橋建造者的積極心態，使他不顧他最初認為這件工程在工程學上是不可能的這個事實，終於造成了世界上最長的單跨渡橋。

積極心態是希望、願望和信念加在一起的總和——然後轉化成信心；而信心是敞開的大門，通向「無限智慧」，這種智慧只能為保持積極心態的那些人所佔有和應用。

關於積極心態最深奧的事實就是：每個人都具有特權去採用它，為一切正當目的去應用它，不用花錢，也不需要付出代價。

以下的各章將提供您詳細的方法，以便供您調整心態，消除對牙科和各種手術的恐懼。

本章只是一種預習，讓你先做好準備，以接受和應用那些方法，消除你可能遇到的令人不愉快的手術或任何其他令人討厭的境遇。

## ★策略提要

1．不要把你所不喜歡的境遇，作為不可避免的事物來接受。
2．要征服人類的四大敵人：恐懼、迷信、無知和貧窮。
3．如果你能控制你的心態，你就能控制影響你生活的一切逆境。
4．心態的重要性在於：積極心態能吸引人，消極心態能排斥人；心態是健康的重要因素；心態能決定一個人是否一生在幸福或苦難中度過；心態是推銷術的關鍵問題；心態能決定一個人所佔的地位、所獲得的成就、對當代及後世所做貢獻的大小、所交友人的多少；心態是人有權控制的唯一事物；心態是一種你可用以排除恐懼、身體疼痛或心理苦惱等的方法。
5．積極心態的特點是：有確定的目的；積極尋求伴隨逆境而來的等量利益種子；保持心理忙於從事所想望的事物；把不愉快的逆境當成前進的機遇。

# Part 2

# 縱覽壯麗的人生

## 1．發現巨大財富的坎坷歷程

為什麼我等了那麼久，才能發現我所忽略的那筆驚人的財富呢？因為在我能夠發現巨大財富之前，我必須在精神上達到成年，必須從青年等到壯年，以便獲得足夠的智慧，我必須擁有一雙不會被人們的虛偽所欺騙的眼睛……

其實每種事物，每種境遇，每種錯誤，每種挫折，每種悲痛，都能變成高度有利的事物，只要人們能心平氣和的對待它們，了解它們的實質和目的。

經過我對過去一切境遇的分析，那些原本是令人不愉快的、有害的境遇，現在卻成了已經產生許多有永久價值的最好的東西。

這個發現讓我知道了一種方法，用這種方法，人類一切過去的失敗、錯誤和挫折，都可以被轉化成最珍貴的幸事。

正是這種發現，使我別無選擇，只有著作這本書，讓一些人獲得利益，這些人一向在黑暗中尋求走向寧靜心情之路，正像我盲目地尋求它將達四十年之久一樣。

在我考察我所恐懼和認為是無用的大量觀念和事物之前，我深信：只要我能研究那些成功者的事蹟，我就能揭示成功的祕訣了。

## 2．一個由赤貧到巨富的黑人文盲

有一個未受過教育的南方黑人，一直靠著自己的辛勤勞動謀生。當我初次聽到他的故事時，我就找到了他，並且仔細地研究和分析了他；因為我渴望了解：他在令人無法相信的短時間內，獲得了從貧窮到富裕的戲劇般再生的真正祕訣。

這個黑人有一天在烈日下停在田裡一排棉花的末端，身子倚著他的鋤頭柄，擦擦他的眉頭，痛楚地叫道：「啊，上帝呀！為什麼我如此辛苦勞動，卻除了一間茅屋外，便別無所獲？」

一陣吶喊之後，他眼前出現了一條可以擺脫窘境的道路——去當個傳教士。

他得到了無數的追隨者，包括大量的白人，他們散居在美國的每一個州，甚至有住在國外的。他並且獲得了一筆來自教民自願捐贈的龐大錢財，他開勞斯萊斯汽車到處旅行，投宿最舒適的旅館；旁人對有色種的歧視也不會影響他。他還經營了從手推車到服裝店及旅館等事業。

這個黑人偶然碰到的「奇蹟」的實質，也許是絕對由於機緣，但卻使他擺脫了種族和膚色的障礙，擺脫了貧窮和缺乏教育的障礙，並使他異常富足。然而，若有機緣而無確定的目的和為了達到這個目的的「確定計劃」，也注定將與成功絕緣。

這個故事是要鼓勵你，在你自己所選擇的為人類服務的領域中，不論是在宗教或者在其他有用的服務範疇中，勝過他。

這個黑人致富的祕訣對我說來是不新鮮的，因為我致力於研究這種祕訣已達四十多年了，我已看到這種祕訣在五百多位美國一流的著名人物的生活中成功地起著作用；在我開發成功學的過程中，我與他們曾在一起工作多年。

那些正在尋求上述黑人成就的真正祕訣的人應該不會忽視這個事實：如果他有一批三千萬人的自願追隨者，或者甚至只有一百萬人，他就一定具有一種神祕的吸引力，而那些完全受貪得物質心理所激勵的人通常是不會具有這種吸引力的。

## 3．成功的線索

在這裡，黑人傳教士獲得新生的確切時間、地點和境遇，完全是他自己選擇的，並受他的控制；沒有人幫助過他，或者向他建議過他有可能拋棄貧窮和無知，有可能在貧窮和無知裡獲取令人難以相信的財富和智慧。

我們應當特別強調這一點，因為這一點自然而然地暗示我們——一個未受過教育的人無論做成功了什麼事，具有和他同樣心理、能力的任何人也就能在一定努力下，做出和他相同或者超過他的事。

既然他可以用一個公式把貧窮改換成巨大的財富，當然你也就能用這個公式把任何討厭的境遇改變成等量比例的利益。

而黑人傳教士和美國的其他黑人之間的差別究意在哪裡呢？這個問題的答案可以給你一個用以探索這個「奇蹟」的有力線索，這個「奇蹟」把這位從身陷貧窮泥淖中的無名小卒，轉變成擁有巨額財富的重要人物。

美國威斯康辛州的福特．阿特金遜城附近有一個小農場，主人叫做米羅．瓊斯。儘管瓊斯再如何辛勞工作，但卻總是只夠一家人餬口。一天，他突然受到嚴重癱瘓的打擊。躺在病床上的他，雖然身體不能活動，心思卻在不停地運轉著。他忽然有了一個念頭，就把家人叫到床邊，對他們說：「我現在不能勞動了，請你們代替我的雙手，實現一個計劃：在田裡種上玉米，然後用玉米餵豬，小豬長到半大時，就把小豬屠宰掉，做成小豬香腸，叫做〈瓊斯小豬香腸〉，行銷全國。

瓊斯一家很快實現了這個計劃，「瓊斯小豬香腸」聞名遐邇，成了美國家庭常用食品，米羅・瓊斯也成了百萬富翁。他發覺他的成功就來自原先使他僅足餬口的土地。

佛蘭克。克蘭博士原是芝加哥一個小教堂的牧師，他的牧師收入只能聊以維生。後來，他起了一個念頭：在多家報刊的專欄上同時發表他的佈道文。這給他每年帶來了七萬五千多美元的收入。

在我還是個孩子時，有一天我的祖父拿了一些穀子到雞房去，他把穀子撒到骯髒的地上，隨手小心地用稻草把這些穀子蓋上。

我便問他為什麼要這麼麻煩，他答道：

「這有兩個充足的理由：第一、用稻草蓋住那些穀子，小雞便必須用爪子刨開稻草，尋找糧食，這就迫使牠們進行鍛練，這對牠們的健康是有必要的。第二、這是給牠們樂趣的一種機會，牠們認為我是想瞞著牠們藏起那些穀子，所以會努力地把它們找出來。」

在下一章，我們要披露奇蹟的一個重要起點，一個人必須從這個起點出發，才可能把他所不喜歡的人生境遇換成他所渴求的那些人生境遇。

## ★策略提要

1．每種事物，每種逆境，每種錯誤，每種挫折，每種悲痛，都將變成高度有利的事物，只要人們能和諧對待它們，了解它們的實質和目的。

2．人類一切過去的失敗、錯誤和挫折，都可以被轉化成為最珍貴的幸事。

3．成功者成就的永恆規律可得自貧窮者和卑微者，正如同它們可得自富裕者和得意者。

4．致富的祕訣與人們用以把身體的痛楚，或任何令人不愉快的境遇轉化成利益的祕訣正好相同。

5．一個未受過教育的人無論做成功了什麼事，具有和他同樣心理、能力的人也就能在一定努力下，做出和他相同或者超過他的事。

6．既然可以用一個公式把貧窮改換成巨大的財富，當然你也就能用這個公式把任何討厭的境遇改變成等量比例的利益。

7．要耐心而細心地學習和思考，並敞開心扉。

# Part 3

# 從改革中求成長

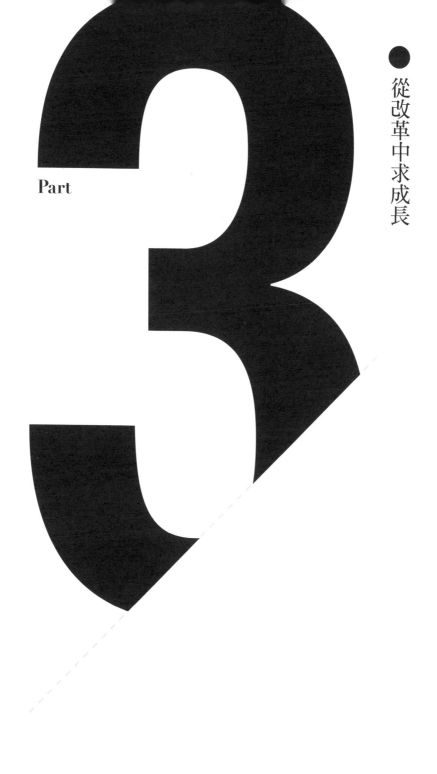

## 1．「改革律」的意義

要求永遠不斷地改革的精神與作法，往往會遭守舊人士的極力杯葛與反對。而人遭受挫折和失敗的主要原因也正在於滿足現狀，不思改革。

我們生活方式的改革已使廿世紀上半葉，比整個過去文明時期所揭示的自然奧祕都多些。在這種生活方式的改革中，有種種新式發明，諸如：汽車、飛機、電話、無線電、無線電話、電視、雷達等，這一切都是在人的心理不斷改革的過程中產生的。

「改革」是國家事務上及個人生活上進步的手段。企業或工業如果忽視了經由改革保持前進的狀態，便注定要失敗。

「改革律」是「自然」不可動搖的規律之一，沒有「改革律」世上就不可能有這樣文明的現實。沒有「改革律」，人類將仍然處在它開始的地方——在平原上與所有其他地球上的生物一起活動，那些生物是永遠被它們絕不能逾越的本能方式所束縛和限制。

人類的全部歷史——各種形式的生活紀錄——乃是標誌清楚的不斷改革。沒有一種生物在連續的兩分鐘內是相同的，而這種改革是無從動搖的，以致每七個月整個人體便要經受一次完全的改革，整個人體的細胞便要全部更換。

「改革律」是造物主為了把人類從其他動物家族分離出來的一種手段。借助這種手段，人生的永恆真理、人們的習慣和思想，便能不斷地自行形成較好的人際關係，導致人與人之間的和諧與理解。這是造物主若干手段中的一種，一個人必須用它征服那種恐懼身體痛苦的固定習慣。

經由「改革律」，人們不遵守宇宙總方式和目的的習慣，便會定期被戰爭、時疫、乾旱和其他不可抗拒的自然力量所打破，這種自然力量迫使人類從自身愚行的影響中解放出來，一切從頭重來。這同樣的「改革律」要把所有國家的人民提高到與宇宙總計劃的基線相同的水平，把相等的力量應用到未能解釋並適應自然規律的人。

大自然警告人們：「要遵守總體計劃，否則便只有滅亡！」

人們的恐懼和失敗，都是造物主用來使人擺脫他所十分固執地堅持的習慣，以便他可以採納、利用和受益於較好的成長習慣。

教育的整個目的是，至少應當是，啟發個人的心理成長和發展，使得心理能在思想的過程中，通過不斷的改革，獲得發展和開拓，以便個人終於能熟悉自己的潛力，從而解決自己的問題。

「改革律」是所有教育來源中最偉大的一種。懂得了這個真理，你將不再反對改革，而改革也就將使你充分而廣泛地了解自己和世界。你也將不再抵制自然打破你所形成的一些習慣，因為這些習慣並不能給你帶來寧靜心情或物質財富。

造物主對人類最強烈的不滿，就是驕傲自滿、因循拖延、恐懼和自我強加的限制，所有這些一給人帶來了沉重的懲罰，放縱這些行為的人需要這些懲罰。

人類通過「改革律」就不得不繼續成長。無論何時何地，一個國家、一個企業或者個人，一旦停止改革，總是按一定的慣例行事，那麼某種神祕的力量就會潛入，打碎這個組織，打破舊的習慣，而奠定較好的新習慣基礎。

成長律是藉由永恆的改革而對每件事、每個人發生作用的！

個性的靈活性——個人使自己適應於影響他生活的一切境遇的能力——乃是個性具有吸引力的主要因素之一。它也是個人通過改革適應偉大成長律的手段。

福特汽車公司是由卑微的開端逐步上升起來的，從只有一個房間的磚式工廠發展成世界最偉大的工業之一，它直接和間接給予數十萬人提供了工作。

創始人亨利・福特，儘管在工業管理方面具有天才，但是他的靈活性能力——改變的能力，卻未能與年俱增，至少在兩個時機是如此，這就幾乎毀滅了這個企業。

在他去世以後，他的孫子——一位具有偉大靈活性和願意藉由改革遵循成長律的青年接管了這個企業。只經過了幾年的時間，這位青年所締造的業績，就遠遠超過他祖父在整個一生中，已經完成的全部業績。

人類的心靈在大聲疾呼——

「醒來吧，了解你自己，拋棄把你束縛於奴隸狀態中的舊習慣，以新的化身再試行生活。如果你要生存在這個世上，希望完成你的工作，你就必須使你自己適應這條偉大的改革律，繼續成長。」

人類的心靈用警語吶喊——

「每件事物，每種觸動你生活的境遇，無論它是令人愉快的或不愉快的，都是可以用於的人生磨坊中製粉的穀物。因此，你要接受它，把它磨成你所選擇的生活式樣，讓它為你服務，而不要因恐懼和擔憂，讓它使你痛苦。」

## 2．守舊會阻礙改革與進步

維吉尼亞州西南的群山中生息著一個古老的農家，過著相當貧困的生活。終於，鐵路通了，富饒的煤田要開採了。這個農家就出售了他們的山地，得到一筆數額可觀的報酬，把家搬到鎮上，建造了一座現代化的新房子。當這座房子完工時，老農婦卻不肯付款給承包商，因為她宣稱工程還沒有完成。

這個承包商詢問道：「還缺少什麼呢？」

農婦答道：「你十分清楚還缺少什麼。還缺少一間後屋（當時的戶外廁所）。」

「唔，」吃驚的承包商解釋道，「後屋早就不時新了。你現在有了三間漂亮的浴室，還要後屋做什麼呢？」

農婦叫道：「我喜歡在我的後屋閱讀西爾斯和羅貝克公司的商品目錄，我不想在我這個年紀放棄那種享受。請你建造那種後屋吧；否則，你就休想拿到我的錢。」

這樣後屋便造成了！當這位農婦前去檢查時，她辯解道：「這還不行啊！這個座位中只有一個孔，我們的座位中向來都是有兩個孔。」

所以，工人又給她造了一個孔，這位承包工又為後屋安裝了冷熱水管道、一部電話。

在這兒，自滿自足和舊習慣已經戰勝了改革和進步。

## 3．收銀機的出現

收銀機的製造廠家在推銷收銀機初期，總感到很難使商人樂於裝備這種機器，而推銷員一般也對這種機器十分頭疼。

商店的職員對這種新裝備無不皺眉蹙額，並把它們看作是一種表示職員是不誠實的暗示，而商人則聲明：機器的費用，加上操作機器的時間，將會沉重地消耗他們的利益。

但是反觀今日，收銀機不僅已全面普遍使用，而且已為生意人賺取了更大的利潤。

## 4．銀行制度的改革

當美國國會迫使一些銀行建立「聯邦儲備銀行制」時，銀行家們一般都發表嚴重抗議聲明。這個制度意謂著銀行業的根本改革，而銀行家們像其他人一樣，反對任何改革，因為這要打破他們所建立的經營業務方式。「聯邦儲備銀行制」對曾經參與的銀行說來，證明是它們最大的安全措施。今天如果有人建議：這個制度應當予以廢除，銀行家們或許又會發出同樣的怒吼：反對改革。

## 5．「改革律」的重要

具有最大意義的事實就是：造物主給人類提供了一個唯一的方式，人類用這種方式已經掙脫了動物家族，上升到精神的人生境界，在那種境界之中，他可以成為他自己世俗命運的主人。造物主的這種方式，就是「改革律」。

獨裁者和想成為世界領袖的征服者來了又走了。他們總是要走的，因為人類受奴役並不是宇宙總計劃的一部分。相反，永恆方式的一部分卻是每個人都可以要求幸福，要按他自己的方式過他自己的生活，要控制他自己的思想和行為，創造他自己的命運。

那就是為什麼哲學家要回顧過去，以便決定在尚未誕生的未來中將要發生什麼事，但他們並不感到興奮，因為獨裁者暫時在他們自我控制的國度裡作威作福，並威脅人類的自由。

因為這些人就像和他們同類的、在他們之前的其他人一樣，將要因他們自己的過份和自負以及他們妄想得到統治自由世界權力的慾望而毀滅他們自己。而且，這些想要成為扼殺人類自由的人可能只不過是惡魔，這種惡魔不知不覺地充當了突擊部隊，去呼喚人類從驕傲自滿中覺醒過來，為「改革」開路，以便引來更好的新生活方式。

「自然」能夠用和平的方法引導人類進行改革復改革，只要人類能合作；但是，如果人類背叛了、忽視了或不遵守「改革律」，自然也常常用革命的方法回應。革命的方法可以包括親愛者的死亡，或者一次重病；它也可以是事業的失敗，或者喪失工作，這就迫使一個人改變他的職業，在全部的領域中尋找其他職業；他在這個新領域中將找到更好的機遇；如果他的舊習慣沒有被打破，他就絕不會了解這種好機遇。

「自然」能加強比人類較低的各種生物的習慣固定律，正如同自然確定地能加強人類的習慣改革律。自然就這樣給人類提供了唯一的改革法，人類用改革法就可以按照他在宇宙總計劃中的固定位置得到成長和發展。

## 6．愛迪生的第一個主要挫折

愛迪生所經受到的第一次挫折，就是當他開始上小學三個月之後，他的老師就把他送回家交給他的雙親，並遞交一張條子——他沒有能力接受教育。

他再沒有回到學校——傳統的學校——那就是說：他開始在偉大的「艱苦奮鬥大學」教育自己；他在那裡所受到的教育使他成了最偉大的發明家之一。在他從那個大學畢業之前，他一再被雇主解雇，而「命運」之手指引他要歷經「必要的改革」，這就使他做了成為一位偉大發明家的充分準備。

正式的學校教育也許會毀壞他成為偉人的機遇。

當逆境、身體痛苦、憂傷、煩惱、挫折和暫時的失敗，突然降臨到一個人的身上時，「自然」知道他應當做什麼。下次當你碰到挫折時，請你記住這一點，並由此獲益——遇到亂子時不要大叫，不要怕得發抖，而要高高地昂起頭來，環顧四周，尋找那個等量利益的種子，它是必然伴隨著每種逆境而存在的。

## 7・要勇於迎接逆境的挑戰

我在一生中從來不被大變動的改革所嚇倒，不論這種改革是自發的，或者由我所不能控制的、具有令人不愉快性質的逆境所強加給我的，因為我至少能控制我對這些逆境的反應。而我又能執行我的特權，我所用的方法不是抱怨，而是探索「等量利益的種子」，這種種子是隨著每種經歷而存在的。

你正在閱讀的這本書，正是我在人生道路上，在四十多年中不得不做出不斷的、常常很猛烈的改革的產物。這其中有許多改革是被迫的，有些是自發的；但是它們全部加起來終於揭示了寧靜心情和物質財富的祕訣。

當我接受安德魯・卡內基的囑託開始研究，以便準備組織世界最初的個人實用成功學時，發覺我對這件工作實在是準備得太少了。

如果曾經有任何人開始做一件工作是從零開始，我就是從那兒開始的！為了自己能做好準備，能夠成功地完成卡內基先生所給我的任務，我所必須做的事不僅是一種改革，而且實際上完全是一種重建的工作。也許這是幸運的，因為我從我自己的奮鬥中所獲得的知識終於導致披露了個人成功的最重要的「奇訣」；這就是我寫本書的中心目的。

這項重建的工作包括把自制的失敗習慣改革為自制的成功習慣，這就終於給了我平衡的生活，給予我願望的或者為了我選擇的生活方式所需要的東西。

我為了準備做好我的終生工作而作了許多改革，其中有——

1．改正由於缺乏自信而低估自己的習慣。

2．使自己從屈服於七種基本恐懼——包括恐懼疾病和身體痛苦——習慣中解放出來。

3．排除用自我強加的限制把自己束縛於貧窮和匱乏的習慣。

4．改正忽視佔有我自己的心理，並指揮它去達到一切願望的習慣。

5．改變在我播種之前就盼望收穫的習慣。（把我的需要與我取得的權利相混淆了。）

6．扯下誠實和真摯的目的可以單獨導致成功的虛假信條。
7．改變只有通過高等教學手段，才能受到教育的觀念。
8．改正不重視按計劃安排生活的習慣。
9．改正自己未能奉獻於追求人生「確定的主要目的」的習慣。
10．改掉我的不耐煩的習慣。
11．改正未能為我模糊的全部財產編制清單的習慣，以便我能為我的財產表示感激之情。
12．改正努力積累比我所能合理使用的更多物質財富的習慣。
13．改正相信接受比給予更有利的習慣。

## 8．習慣與七種基本恐懼

你將需要改革你現在的一些習慣，改革的範圍完全是你必須自行確定的事；但是，如果渴望達到十分平衡的生活，包括寧靜的心情，你的習慣改革就必須包括征服七種基本恐懼。

這七種基本恐懼如下——

1．恐懼貧窮。

2．恐懼批評。

3．恐懼疾病和身體痛苦。

4．恐懼失去愛。

5．恐懼失去自由。

6．恐懼年老。

7．恐懼死亡。

在隨後的幾章中，你將得到一些用以征服這些以及所有其他恐懼的方法；它將幫助你培養新的思考習慣。為了使你獲得面面俱到的生活，不論你可能需要什麼樣的其他改革，你當認識到：在你重建成功生活的方案中，征服七種基本恐懼乃是勢在必行的事。

一些正確的方法並不會把困難強加給你，也不會要你做出你力所不及的行動。誠然，這些方法都附有定價，但是這些定價都是所有正常人的收入足以支付而且還有餘裕的。

由於我們的日常習慣使然，我們無論在何處、做何事，都是我們本來的樣子。

我們的習慣是受我們個人控制的，我們可以在任何時候僅僅用改革習慣的意志，就可以改革習慣了。它是個人能夠完全自己控制的獨一無二的特權。

習慣是由我們的思想造成的，而我們的思想是我們完全有權利加以控制的；造物主隨同給予我們這個權利，又會因我們執行了這個權利而給我們豐厚的報酬；也會因我們未能執行這個權利而給我們可怕的懲罰。

## ★策略提要

1．不能應用「改革律」是遭受挫折和失敗的主要原因。
2．「改革」是人類進步的工具。人類的全部歷史就是不斷的改革。
3．恐懼和失敗是來自固執地堅持舊習慣。

4．要不斷地改革心理，以使心理得以發展和開拓，以便熟悉自己的潛力，從而解決自己的問題。

5．「改革」要求你打破不能給你帶來寧靜心情或物質財富的習慣。

6．驕傲自滿、自我滿足、因循拖延和自我強加的限制將受到懲罰。

7．成長律經由改革律而發生作用。

8．拋棄束縛你的舊習慣，應用偉大的「改革律」，使自己成長。

9．各種生活境遇，不論好壞，都可以作為你的人生磨坊中製粉的穀物。你要接受它，把它磨成你所選擇的生活式樣，讓它為你服務，而不要因恐懼和擔憂，讓它使你痛苦。

10．遇到亂子時不要大叫，不要怕得發抖，而要高高地昂起頭來，環顧四周，尋找等量利益的種子。

11．把自制的失敗習慣，改革為自制的成功習慣。

12．習慣是由我們的思想形成的，我們只用改革習慣的意志，就可以改革習慣。

# Part 4

# 看不見的嚮導

## 1．看不見的嚮導是與人共存的

我們有看不見的嚮導，只要我們能認識他們，接受他們的服務——從我們誕生直到我們死亡都仍在為我們服務，我們就能證明他們的存在。

這些不可見的至寶，當我們醒著的時候，總是同我們在一起，當我們睡著時，總是看顧著我們；雖然大多數人度過了一生還不能認識到他們的存在。

我的目的並不是要寫一篇長篇論文，證明幫助人類的不可見的嚮導的存在，而是僅僅想使我的夥伴注意到他們；他們在尋找一種能滿足他們需要並導致寧靜心情的生活方式；在這個過程中，他們願意接受他們所能找到的無論什麼正當來源的幫助。

如果不是由於我從自己看不見的友好嚮導獲得的幫助，我就絕不能給世人獻上我的「成功學」；它現在正在幫助數以百萬計的人們認識和實際利用出於他們內在來源的力量。

我那些不可見的人生嚮導中的八位已經為我所認識和定名了，我按照他們所提供服務的性質，給他們各個都定了一個適宜的名字。

我在下面將詳細敘述他們，但是你要記住這個事實：這八位人生「嚮導王子」只是我想像的產物；任何喜歡聘用他們的人都可以複製他們。

我對待八位嚮導王子猶如他們是真人，他們的整個服務在我的一生中都按我的命令行事。我給他們下命令，我對他們的服務表示感激，正如同如果他們是人我會那樣做一樣。而他們對我的要求也有所反應，猶如他們是真人。

下面是一些對於八位嚮導王子的敘述以及他們所提供的服務。

## 2．八位人生嚮導王子

### 一、富裕王子

這個不可見的嚮導的唯一責任是，適宜地供給我所願望或需要的每種物質，以保持我所採用的生活方式。

金錢煩惱毀壞了多少人一生的寧靜心情，這卻是我從來未經歷到的事。當我需要錢時，我總是可以得到我所需要的任何數量的錢；但是，一個人如果沒有給人什麼等價物質作為回報，不為了別人的利益而提供某種形式的服務，就既不能盼望也不能得到金錢。

## 二、健康王子

這個不可見的嚮導的唯一責任是，保持我的身體在一切時候都處於完好狀態，包括調節身體以適應必須做的任何調整。例如，為準備牙科手術而做的調整。在這位「王子」接任之前，我易患頭痛、便祕，有時身體疲竭；現在這一切都消失了。

「健康王子」保持我身體的主要器官十分機敏，並且在一切時候都在發揮功能；又保持我身體中數以十億計的細胞適度地充滿抵抗力，提供適當的免疫力，抵抗一切傳染病。

與「健康王子」合作的辦法是：培養明智的生活習慣，諸如適當的飲食，足夠的睡眠以及用等量的遊戲平衡工作。但是，特別重要的是：我能保持我的心理只容納積極的、建設性的思想，絕不允許我的心理存在任何形式的恐懼、迷信或憂鬱症。最後，當每口食物、每滴飲料進入我的口中時，我都慷慨地混合以崇拜，通過崇拜對我那不可見的「健康王子」不斷地維護我全身的健康，表示謝忱。

我能夠在我所有的活動和經歷中安享寧靜和睦，但是我特別當作一件事來做的是：我要在愉快而寧靜的氣氛中進餐。在我們家裡，我們沒有規定時間進行家教；如果我們要規定家教的時間，我們也絕不把它安排在吃飯的時候，不像許多家庭所做的那樣。

一個人在吃飯時所表達的每種思想可變成一部分能量，進入食物和血流，而那種思想又可進入頭腦，依據這種思想是積極的或消極的，它就能在頭腦裡進行祝福或詛咒這個人。這個真理的證據可見之於給孩子餵奶的母親的情況。如果由於任何原因她在孩子吃奶時憂傷起來或變得心情消極，她的心態就會毒化她的乳汁，致使孩子消化不良或膽怯。當然，醫師都知道大多數的胃潰瘍主要是由於憂傷和消極思想。

因此，很明顯，一個人必須與「健康王子」進行大量明智的合作，以便保持身體能夠進行有效的正常活動。這就是一個人必須為良好的健康所付出的代價。

### 三、寧靜王子

這個不可見的嚮導的唯一責任就是保持我的心理寧靜，不受煩擾的影響——諸如恐懼、迷信、貪婪、嫉妒、仇恨和覬覦。「寧靜王子」的工作是和「健康王子」的工作緊密相聯的。藉著這位不可見嚮導的幫助，人們可隔斷所有過去令人不愉快的境遇，以及所有預期在將來要發生的令人不愉快的諸如外科手術或牙科手術經歷。

「寧靜王子」能保持人的心理只為他所選擇的問題所佔據，以致在它裡面沒有空間留給消極性質的自發的誤入迷途的思想。心理的大門對這些思想是緊緊地關閉的！這位不可見的嚮導圍繞著一個人築起一道防護牆，用以排除一切能導致任何性質的煩惱、恐懼或焦慮。

總有人必須面對暫時可能令人不愉快的一些人際關係；總有人要面臨令人不愉快的偶然事件，諸如朋友或親愛者的死亡。「寧靜王子」能幫助個人把他自己與所有這些境遇聯繫起來，而又不打亂心理的平衡。

**四、希望王子**

**五、信心王子**

這兩位不可見的嚮導的唯一職責，就是在一切時候都保持我通往「無限智慧」道路的暢通。這對孿生子能保持我不受我終生工作的不必要的限制的妨礙；他們會幫助我組織我的計劃，使我的計劃符合自然規律和我同胞的權利。

他們也幫助我完全實現我的計劃；如果我的計劃執行起來，最終可能會傷害我自己或別人，他們甚至在我開始實施時，就會要我停下來。

「希望王子」和「信心王子」保持我不斷地接觸精神力量，這種力量通過我而起作用；他們又引導我向目標邁進。

「希望」和「信心」保持我充滿足夠的熱情，以便保證我克服拖延習性。他們還保持我的想像機敏和活躍，以便計劃好我所奉獻終身的工作。他們幫助我在我所做的一切事情中發現歡樂和幸福。他們還幫助我辨認世間的邪惡，不要接受它們，也不要受它們的傷害。

他們還幫助我與一切人並肩同行，既同聖哲又同罪人同行，但我仍是我自己命運的主人，我自己靈魂的主宰！它們既保持我的自我機敏而活躍，又使我的自我謙遜而感激。

最後，它們幫助我衝破世間的混亂浪濤，這種混亂正在迅速地改變人際關係，而我卻能不放棄也不忽略自己的不可剝奪的特權——控制和指揮我的心理去達到可以選擇的無論什麼樣的正當目的。

我把「希望王子」和「信心王子」作為我的永恆嚮導，我遇到阻力和令人不愉快的人生。歷時，便能成功地把它們轉變為積極的力量，從而達到我的目標和目的。借助這兩位孿生嚮導，來到我的人生磨坊中的每樣東西都是可用以製粉的穀物——機遇。

## 六、愛心王子

## 七、幻想王子

這兩位不可見的嚮導的唯一責任，就是保持我在身體和心理兩方面都十分年輕，而他們把這件工作做得十分出色。我慶祝自己的生日時是從實際年紀中減少一歲！我由此所獲取的愉快是：感覺、思考、工作和遊戲，猶如年輕了二十歲一樣。

「愛心王子」和「幻想王子」使我的工作成了一種愉快，這種愉快不知沮喪或疲倦；他們也激勵我的想像，很容易地創造我所想要完成的各種東西。

這兩位不可見的嚮導幫助我表現已經飛逝了的年華的愛心和幻想，使我記憶起過去的經歷，這種經歷足以把我介紹給我的「另個自我」，那個自我能接納人生中的美好事物，避開令人不愉快的事物。

愛心和幻想已經幫助我把過去的憂傷、挫折和失敗改換成智慧，愛心和幻想已經精煉了我的精神，這一點是其他方式所不能達到的。他們兩者幫助我認識了我的現世命運的目標，又提供給我克服困難的方法，供我克服我必須克服的困難，以達到我的目標。他們幫助我使我人生中的每一天都得到了愉快的紅利作為報償。

愛心和幻想已經使得我靈活地適應影響我生活的一切境遇——令人愉快的和不愉快的；所以我絕不能喪失我的特權：控制和指揮我的心理去達到我所選擇的任何正當目的。

他們提供我銳敏的感覺，我用這種感覺就能在我的一切人際關係中很好地調整我自己；他們幫助我善於吸引人們和境遇，我需要這些人和境遇，以便我能對我在人生的征途上得以逗留表示衷心的感激。

愛心和幻想幫助我認識了來自每種逆境、每種挫折、每種失敗和每種失望的同等利益的種子，並使它發芽和成長。

「愛心」和「幻想」是唯一的方法，我可用以把青春換成美好的智慧，我用這種智慧給我的人生事業寫下了我的價標，並使「人生」按照我自己的條件付出報償。

「愛心」和「幻想」是我的精神所居住的華麗房間的設計師；他們使我為我所擁有的東西表示感激；阻止我為我所沒有的東西憂心忡忡。如果我放任我的「愛心」於它得不到酬答的地方，「幻想」就會幫助我找到我過去所放任的愉快，並幫助我認識到「愛心」能使那些表達愛心的人獲得利益，即使「愛心」並不能得到酬答。

「愛心」和「幻想」能幫助我對別人表示同情，如果沒有這兩位嚮導，我就可能對這些人表示憎恨；而這兩位嚮導又能迅速治癒別人用傷害和不公正使我所受到的創傷。

**八、智慧王子**

這位「智慧王子」的責任包含多種服務：

1．這位嚮導鼓舞其他七位嚮導永久進行行動，貫徹到底，以便每位嚮導都能盡可能圓滿地盡職盡責。

2．當我睡眠時就像當我醒著時同樣地保護我。

3．這位「智慧」嚮導還執行一種不可思議的重要任務，就是把我過去所經歷到的一切挫折、失敗和令人不愉快的境遇轉變成了利益，以致過去影響我生活的一切事物，都被轉換成一種價值巨大的資產。

4．「智慧王子」當我無論在何時走到人生的十字路口，不知道要走哪條路時，就給我指引，並且針對我的目標、計劃和目的，給我發出前進或停止的信號。

## 3．貫徹你人生的主要任務

還有其他不可見的「嚮導」為我服務；但我不知道他們的名字。我也不完全了解他們所提供服務的整個範圍和性質，我只知道由於他們的存在，我為了進行我的終身工作所需要的無論什麼東西，或者為了我能獲得不斷的寧靜心情，我所願望的無論什麼東西，總是聽憑我自由支配，不用我費力或焦急。

多年前，這些神祕的「嚮導」就開始引起我的注意了，他們干擾我那必然要失敗的計劃；因為那時我背離了我主要的人生使命——組織和傳播「成功學」。

每當我從公眾那兒得到對我終身工作的認可時，我所提供的東西對我而言，似乎就是把我的才能和經歷供應給市場的極好機遇。在我遇到了一個接一個的失敗之後，每當我企圖摒棄或忽視我的人生主要任務時，我就開始注意到：一旦我又回到我的軌道並且又開始執行我的人生主要任務時，每次失敗的影響就立即一掃而光了。這種情況極常發生，因而我不能僅僅把它解釋為一種巧合。

就我個人的經歷來說，我知道每個人都有一些「嚮導」可以加以利用，只要他能認識他們，並接受他們的服務。若要請他們為你服務，必須做到兩件事：

第一、你必須對他們的服務表示感激。

第二、你必須不折不扣地遵循他們的指導。

誰忽略了這兩點，誰就將招致災難，雖然不一定總是很快。也許這一點可以解釋：為什麼有些人碰到了災難，他們卻不理解這是什麼原因造成的；他們並不相信：這種災難乃是他們的某種過失造成的。

我曾與美國著名的科學家和發明家埃爾默・蓋茨談了一次話，我覺得高興極了，因為我得知他不僅已經發現了不可見的「嚮導」的存在，而且已經與他們結成一種工作聯盟，這就使他比曾經被公認為偉大的發明家愛迪生完成了更多的發明，取得了更多的專利。

從那一天起，我就開始詢問幾百位在組織成功學方面和我合作的成功者，我發現他們當中每個人都已收到了來自不可知來源的指導，雖然有許多人不情願承認這個發現。他們寧願相信他們的成功是由於他們個人的優越性。

愛迪生、亨利・福特、盧瑟・伯班克、安德魯・卡內基、埃爾默・蓋茨和亞歷山大・貝爾博士竭盡所能地描述他們與不可見的「嚮導」合作的經歷，雖然這些人之中的一些人，並不把這種不可見的幫助來源叫做「嚮導」。貝爾博士特別相信不可見的幫助的來源，只不過是直接接觸「無限智慧」，這是由個人通過達到確定目的的熾烈願望，激勵他自己的心理造成的。

不可見的力量曾經指引瑪麗・居里夫人發現鐳的祕密和供應來源；雖然她預先並不知道從何處開始去尋找鐳或者如果她發現了鐳，鐳看起來是個什麼樣子。

愛迪生對於他在發明領域裡進行研究工作時，所十分自由應用的不可見力量的性質和來源，有一種很有趣的看法。他相信：在一切時候由所有人所產出的一切思想都能被探出，並變成以太的一部分，這些思想能永遠存在，正如同它們過去被個人發出時一樣；任何人如能調節心理、懷著確定的純潔目的，就可以接觸到任何與那個目的有關的值得想望的思想類型，從而可以接收和接觸到這些先前被人發出來的思想。

例如，愛迪生發現：當他把他的思想集中於他想要完成的觀念時，他就能從無邊無際的宇宙中「收聽」和接收到與那個觀念有關的思想，這種思想是由先前沿著同樣路線前進的別的人所設想並發出的。

愛迪生注意到這個事實：水通過河流和溪水在水道中流動，給人類提供各種各樣的許多服務，終於回到它的出發地海洋，在那兒它又成了水之主體的一部分；它在那裡被純潔化以後，又準備再度開始它的旅程。水的來去在數量上並無增減，而思想能量的情況與水具有一定的相似之處。

愛迪生相信：我們用以思想的能量乃是「無限智慧」具體化的一部分；那種「智慧」就通過人的頭腦分化成無數的觀念和概念；當思想被發出後，它又能回來，就像水能回到海洋，回到產生能量的巨庫，思想就在那兒匯存和分類，以便一切有關的思想排列在一起。

愛迪生斷然拒絕考慮某些人所宣稱的信條：不可見的「嚮導」只是曾經活在世上的已故的人。我十分同意這個看法，因為我從來沒有發現能表示已去世的人竟然能與活著的人進行交往的最細微的證據。為了對那些想法不同的人做到公平合理，我直率地承認：這僅僅是我個人的意見；我的意見不是由於證據，而是由於缺乏證據而形成的。

翻開文明史的篇章，我們不能不被下列情事所深深感動：當人們受到能威脅毀滅文明的成就的巨大危機襲擊時，就會出現一位懷著內在智慧的領袖，他要提供保存和繼續發展文明的方法。

我們有證據證明，適當的領導總是出現在發生重大危機的時刻。例如，當英國於一七七六年威脅美洲殖民地人民的自由時，這時適當的領導就體現在喬治・華盛頓和他的數量不多的、營養不良的、穿著單薄的、訓練不良的、武裝不充分的士兵。

而當美國被內戰弄得分崩離析期間，那個真理體現於偉大的領袖林肯總統。

在所有這些情況中，總會出現不可見的力量和境遇，它們幫助「正義」戰勝「邪惡」。

每個人在誕生時，都伴隨著一群不可見的嚮導，這些嚮導足以供給他或她的一切必需品；一個人有了這些嚮導，如果不肯認識和應用他們，就一定會得到懲罰；相反地，就一定會得到報酬。

大體上，這種報酬就是必要的智慧，用以確保個人成功地貫徹他的人生使命，無論那種使命是什麼，以及用以給他指出一條到達一切財富中最寶貴的財富——寧靜心情——之路。

從你認識到這些嚮導並給他們發出一定的指令之日起，你將開始得到各方面的進步和利益，而這種進步和利益，會使你進一步認識到這些嚮導的存在和他們積極為你服務的證據。

是否會有人宣稱這些話是不切實際的空想呢？

不會，用「不可思議的」這個詞較好，因為就我所知，還沒有一個人解釋過這些不可見「嚮導」的來源，或者他們怎樣和為什麼被安排去引導每個活著的人的生活。

這種不可見的「嚮導」就住在那個「另個自我」中，「另個自我」是人人都有的；一個人照鏡時是不會看到另個自我的；另個自我不認識「不可能」這個詞，也不認識無論什麼性質的限制；另個自我是一切身體疼痛、一切煩惱、失敗和暫時的挫折的主人。

當你讀到本書的某處時，你的「另個自我」就會從字裡行間跳出來，這時你就會認識它，如果你還沒有認識它的話。

我在這些話中並不是努力要證明什麼東西！我只是在努力把你介紹給那個「另個自我」，一旦你認識了它，它就會把你所需要的一切證據提供給你。換句話說：我正在試圖介紹讀者從「內在」去尋找「人生」之謎的答案——為他自己「思考」！

當你睡眠時如何給你的「另個自我」發出指令呢？

在睡眠時，處理身體失調、征服自卑感、調節心理去達到你所願望的任何正當目的的時已經快到了。且當你睡眠時，你將有可能精通任何所想望的語言，獲得任何學科的教育。

當一個人醒著時，心理的有意識部分守衛著通到下意識部分的大門，一個人努力給予下意識的一切影響和指令必須經過有意識心理的限制，或完全拒絕。而有意識心理是個具有不小力量的冷眼看待人生的人。似乎它受到恐懼、猜疑和懷疑影響比受到積極境遇的影響要更容易些。因此，如果你想能給下意識心理發出任何指令，你最好在有意識心理睡著了或下班了時去做。

信息只有通過下意識心理才能到達「另個自我」，這種不可抵抗的存在人人有之，它是某種神祕的力量，它和我們不可見的「嚮導」在同一水平上相聯繫，並處在同一水平上。

## ★策略提要

1．想像八位嚮導時時在幫助你，指導你，你對他們的服務要表示感激，並且完全遵循他們的指導。

2．希望和信心使我保持足夠的熱情，保持機敏和活躍的想像，幫助我發現我所做的事情中的歡樂和幸福，辨認世間的邪惡加以防範，幫助我與一切人同行時仍是自己命運的主人，使我的自我既機敏活躍，又謙遜感激，既幫助我衝破世間的混亂浪濤，又使我堅持我的目標。希望和信心能幫助我把阻力和尷尬局面轉變為積極力量，以致我所遇到的一切都是促使我成功的機遇。

3．愛心和幻想使我身心年輕，使我工作愉快，不知沮喪和疲倦，激勵我進行想像，完成創造。愛心和幻想幫助我把過去的憂傷和挫折轉變成智慧，又提供我克服困難的方法。

4．智慧使我把過去的挫折轉變成利益，影響我生活的一切事物都成了我的巨大資產。

# Part 5

## 人能征服疼痛，就能征服挫折

## 1．把疾病視為一種幸運

身體的疼痛是一種普遍的語言；「自然」用這種語言對地球上每種動物說話，一切動物都能理解和尊重這種語言。

沒有一個心理正常的人不畏懼身體的疼痛，也沒有一個人不用各種可能的方法去努力避免身體的疼痛。然而，疼痛是自然最聰敏的設計之一；因為它是自然用以迫使具有各種層次智力的個人，遵守自我「保護律」的一種方法。

當身體的疼痛發出信號時，個人就做出反應，努力排除造成疼痛的原因。如果疼痛以頭痛的形式表現出來，聰明人一般就尋找它的原因，而往往發現頭痛是由於中毒。一劑藥用鹽或灌腸劑就可使頭痛暫時緩解。

一個不太聰明的人發生了頭痛，他就很可能吞下一些阿斯匹靈藥片，說：「你看，現在我想阿斯匹靈會止住頭痛了。」阿斯匹靈通常是可以產生暫時的作用，但是不能消除病因，只是麻痺神經，而這種神經是把來自頭痛根源的疼痛警告的呼聲傳到頭腦，那兒能夠也應當對頭痛做出應有的反應。

如果自然用溫和的疼痛不能引起病人去注意它的召喚，調查病因，一般說來，自然就把他弄倒，讓他臥床，給他做完全修復身體的工作，讓他過一段幸運的疾病時間。較聰敏的人絕不把疾病叫做不幸，而是把它看作一種幸運，自然給予他的一種仁慈的慷慨援助，通過這種援助，他就獲得了一份租借人生的新租約，而不是一次葬禮。

有些人由於不認識身體的疼痛和失調是自然為人類的好處而提供的方法，便認為疼痛和失調是禍害；如果沒有身體的疼痛和失調，就沒有人能活過通常的人生壽命七十歲。

當自然使一個人接受治療，不論他躺在醫院或他自己家裡的病床上，它便使他停止活動，以便他可以把他的全部能量用於達到自我恢復的目的。還有，自然又給他許多必要的休息和時間，用以發現他自己的心理力量和用法，以及深思他身體失調的原因。

這樣，他就可發現：病因是起源於許多過失；如果他聽從了疼痛的聲音，這些過失本來是可以避免的。

身體的疾病確實是一件幸事，因此以後我們若給我們患病的朋友寫慰問信，就應當改發祝賀信，上面可以寫著：

祝賀你交了好運，獲得了一段幸運的休息時間。

並由最高明的醫師——時間——照料，他知道你需要什麼，並希望你能接受它。

如果你能採取這種積極的心態看待身體的疾病，你便會注意到：你的心態對於排除你的病因有著多麼良好的作用啊！然後，你將認識到：身體的疼痛和疾病是幸事，沒有這種幸事，人類就不能長久生存下去。

自然連同普遍的疼痛語言，又足智多謀地提供了忍受疼痛的方法，以及由於忍受已經達到極限時的一種權宜之計——失去知覺。當疼痛超越了人的忍受程度時，一個人可以簡單地去睡眠，處於失去知覺的狀態。

疼痛有兩種；一種是身體的，另一種是心理的。

人們心理對疼痛的反應大大誇大了身體的疼痛。例如：在牙科手術的疼痛中，身體的疼痛只佔10%，心理的疼痛卻佔90%，病人坐到牙醫師的手術椅之前，就以恐懼的形式遭受牙科手術的大部分苦難。現代牙科手術幾乎已經排除了手術的實際身體疼痛。

控制身體的疼痛對那些努力通過自我控制尋找寧靜心情的人，提出了最大的挑戰之一。它提供了一個勝過一切的機遇，使一個人完全佔有他的心理，這件事是一個人必須做的，以便使人生按他自己的條件付給報酬。要成為食慾的主人，所用的方法是——把胃完全置於控制之下；然後，控制對身體疼痛的恐懼，就不會感到困難了。

美洲印第安人總是不恐懼身體的疼痛。原來，在印第安人由於白人的到來變得軟弱和腐化以前，他們受了傷時，還是到處走動，從事他們的日常勞動，猶如沒有發生什麼事一樣。許多外科醫師從印第安人那裡獲得了啟示以後，現在勸告病人在做過某種手術之後不久，就可以回去過他們的日常生活。

外科醫師認識到，也許印第安人也這樣認識到：自然能做一種絕妙的治療工作，只要一個人能依靠它，並學會明智地與它合作。

在美國南部的山區有些婦女一生了孩子，第二天就能回到她們的家務勞動，甚至到田裡幹活。她們不知恐懼身體的疼痛！

在戰場上，戰士受了重傷以後還能繼續作戰，往往不知道疼痛，直到戰鬥結束以後，這是很平常的事。

在戰鬥的強制下，戰士的心理完全集中於迫切的戰場上，以致他的情緒上升到恐懼身體疼痛之上，因此，他感覺不到疼痛，直到他的情緒下降到正常狀態為止。

從以上這些對已知事實的闡述中，我們獲得了啟示以後，就應當能明顯地看到：自然已經提供給我們一個極好的作用機理，我們可以把它用到身體疼痛或心理疼痛之上，控制每種形式的恐懼，克服各種性質的憂愁和挫折。

在我四十多年締造和講授「成功學」的經歷中，我有幸親近實際上眾所周知的各種類型的人的問題和各種類型的人。我從這些親密的接觸中所學到的印象深刻的教訓之一就是，真正成功的偉人，在他們所選擇的致力領域中，都能控制住他們身體和心理的疼痛。反之，我觀察到，失敗者和從來做不出成績的人，都是身體疼痛和心理疼痛兩方面的犧牲者，他們往往達到了迷信的程度。

由此可見：在控制對身心疼痛的恐懼和一個人在事業中的成就之間，有著直接的和有意義的關聯。這個意義就是——控制身心疼痛明顯地表示：一個人已經完全掌握了他自己的心理，而心理乃是造物主提供給人類有特權予以完全控制的唯一東西。

## 2．一位寡婦從困境中崛起的故事

在我探討成功和失敗原因的過程中，我指導過許多學習班，其中最值得注意的學員之一是一位寡婦。

這位學員在第一次世界大戰中失去了她的丈夫。此後不久她就病了，必須經受一次大手術。第一次手術沒有做成功，還必須接著再做兩次手術。她所花的醫藥費使她必須出售她那棟十分優雅的住宅。

因此，當她做完了最後一次手術以後出院時，她便無處可住了。她有兩個兒子，他們都結婚了，她的兩個媳婦都不讓她住在她們的家裡，即使是暫住也不同意。她有一個哥哥和一個妹妹，她們也都不願在她病癒後康復期間照料她。

最後，她曾經參加過的一個教堂的牧師伸手相助，找到一位鄰居，給她一個暫時的住處。就在這裡，我第一次遇到了這位值得注意的婦女，我油然而生一個希望：我可以幫助她自謀生活。當然，這是一件慈善事業，我無意為我的服務索取任何費用，但是，當我告訴這位婦女我希望她成為我的學生，不要繳任何學費時，她說：

「我相信世上沒有不勞而獲的……但我應當把話說清楚：我只是暫緩付費。

「實際上我已遭受了身體的疼痛和心理的痛苦，但是我並沒有停止戰鬥；在這些令難於忍受的境遇下，我也沒有屈服。目前我沒有經濟收入，但是我有我心理的一切能力，我打算要應用這些能力，使我自己免於匱乏及擺脫種種恐懼。

「我已經失去了我的丈夫，但是數以千計的其他婦女也是這樣，而我並不比她們更好些。當我最需要幫助的時候，我的孩子們和兄妹拒絕對我伸出援手；但是，他們的拒絕對他們的傷害比對我的傷害更大，因為它剝奪了他們仁慈地對待一個孤苦無援的人的機遇，自然給我廣開一條生路，我沿著這條路，應用我的心理力量，可以重新獲得我的獨立。

「我並不對我所經歷的苦難感到遺憾，因為我的苦難已經給予我道義的毅力，用這種毅力，我將在將來為我自己獲得幸福。我不因我的家人不肯來拯救我，就對他們生恨，因為他們的疏忽已經給我提供了一個去遵照主的訓戒極好的機遇：要寬恕那些傷害過我們的人；請寬恕我們的過失，就像我們寬恕那些侵害我們的人一樣。

「在我已經經過的逆境中，我已發現了等量利益的種子。它包含在我所發現的自己的心理力量，以及使這種力量成為憂傷和苦難的方法中。但是，我從我的逆境中所獲得的最令人驚嚇的利益在於我的發現：苦難，不論它是來自身體的疼痛或心理的苦惱，能把一個人置於向主求助的有利地位。在我的丈夫戰亡之前，我就屬於一個教堂了。我遇了一些逆境，我卻沒有屈服於逆境，因為我是一名基督徒。

「真的，在我最巨大的苦難時期中，我發現了我自己戰無不勝的精神！因此，你一定能理解為什麼我並不懷恨我的親戚，因為正是他們的疏忽，而不是別的任何東西，把我介紹給我自己的心理力量了。

「我並不為我自己感到憂傷，但我確實為我的親骨肉感到遺憾，因為他們沒有樂於接受一個極好的機會去仁慈地對待一個有權利盼望從他們那裡得到幫助的人，從而發現他們自己心理的偉大。」

這位偉大的婦女後來被美國總統委任擔當婦女在政府機關不曾有過的

最高職位之一。後來，她開始把政府機構內的女職員組織成一個學習班，她在這個班裡教她們如何發現自己心理的方法，應用「成功學」作為她的教導基礎。

這位經歷了三次大手術、丈夫的去世、財產的損失和親戚在她需要幫助時拒絕伸出援手的婦女，實在需要比這些更大的動力，才足以鞭策她通過既是身體上的又是心理上的種種逆境和苦難，去發現一條通到一切力量泉源之路。

她僅僅用她的積極心態去對待苦難，就從她的苦難中發現了那種「等量利益的種子」！她發現了把消極境遇轉變為積極境遇的方法。

身體或心理的疼痛、失望、挫折、憂傷所造成的苦難是一種可使一個人藉此變成偉人，或者屈服於永久的失敗中的方式。

關於一個人在這兩種境遇中採用哪種境遇的決定因素，完全取決於這個人對苦難的心態。對於一個人，苦難可以成為絆腳石，對於另一個人，如你剛剛讀過的故事中的那位寡婦，苦難就變成了使人走上更高生活領域的墊腳石，從這個墊腳石，他可以成為他所縱覽到的一切的主人。

為了使這位寡婦的故事講得完整起見，我們必須引用她所喜愛的祈禱文——

「啊，主哟，我並不要求過於豐盛的物質，我只要求我所需要的東西。我並不要求從憂傷和痛苦中解脫出來，我只要求告訴我如何把苦難轉變成智慧，再運用這種智慧使我自己能適應於世界上人生的總計劃和總目的。我不要求不能為全人類同等享用的恩惠。如果我受到別人的傷害，我只要求我可以被授予寬恕人的力量；而那些人可以得到悔恨的特權。最後，我只要求我在我所有的人生境遇中都能得到指導，使自己能順利適應各種境遇。」

## 3．自我控制

在四十多年期間，我無數次獻身於研究人的行為，我觀察到許多人，由於身體的和心理的疼痛，而發現了他們的精神財富。

我的繼母，是在遭受幾乎令人不可忍耐的關節炎疼痛中度過她的大半晚年生活的；然而，她卻開拓了一種事業，這種事業已經使上千萬的人獲益，並且注定還要使無數的人獲益，其中有不少人尚未誕生。她擔負了我的早期教養工作，這種教養終於導致安德魯‧卡內基先生委托我獻給世人最先的實用個人成就的「成功學」。

如果我的繼母不是困於輪椅中，沒有人會相信她是處在不斷的身體疼痛中。她的聲音總是很愉快的。她絕不訴苦，總是對接近她的人說些鼓舞的話。我確信任何認識她並且了解她控制身體的疼痛所達到的程度的人，就會完全羞於表達對任何形式的牙科手術和各種手術的恐懼。

我繼母對於身體疼痛的心態是使她成為不凡的主要因素之一，由於她能嚴格的自我控制，所有認識她的人都熱愛她，有些人還很羨慕她呢！

## 4．積極應用自動暗示

這樣一來，我們就再一次可以看到：一個人對於身體疼痛的心態是一種可以使疼痛成為主人，或者僅僅是可以被轉換為某種形式的有利服務的東西的決定因素。

我繼母不去考慮自己的身體疼痛，不為疼痛訴苦，而是指揮她的心理去幫助別人——特別是幫助我們家庭的成員；並用這種方式來減輕她的苦難的影響。這種情況可以證明對那些允許他們的心理老是在盤算他們自己苦惱的人是個有益的啟示。

這個啟示對於有些人也可能是有幫助的，他們有一些問題，他們相信這些問題是沒有解決方法的，但是他們深信：解決這些問題最可能的方法就是一個人到處察看，直到他發現了另一個人也有相似或更大的問題，並幫助那個人解決他自己的問題。一個人用這種方法，就可改變他自己的消極心態，把它轉化成積極心態，用以為別人謀取利益；這種機遇幾乎是絕對有的，一個人在另一個人的問題已經解決了時，就會發現解決他自己問題的方法。

「積極心態」實際上是一種不可抵抗的力量，一個人可以指揮這種力量去達到任何想望的正當目的，當然包括控制身體疼痛和心理疼痛兩方面。我可以再度提醒你：積極心態是「十二種巨大的人生財富」的第一種。

當你不再恐懼任何事物時，你將不再被你自我強加的關於你的職業或人生的任何部分上的限制，把你自己束縛在平庸的水平上。你將不再需要任何人的幫助，而是相反，你將處在把幫助給予別人的地位。

許多人宣告他們自己終身監禁於獄中，卻不顧他們是帶著鑰匙進入監獄的事實，他們不知道他們帶有這種鑰匙，這監獄就是他們在自己心理建立起來的強加的自我設限。這種鑰匙就是造物主賦予每個人的力量，人們可以用這種力量完全佔有並指揮自己的心理去解決一切問題，達到一切所想望的目的。

那些能執行這個不可動搖的特權並且完全佔有自己心理的人，絕不會恐懼任何事物，絕不會限制自己不去達到自己所想望的目的；他們能夠輕而易舉地把提供個人成功的極其豐富的各種事物吸引到自己的身邊。

個人成功的主要原因是無所畏懼，而不是正式教育或聰明的頭腦。

任何形式的恐懼不僅是導致一個人工作上失敗的主要絆腳石，而且也是為什麼大多數祈禱者只能獲致消極結果的主要原因。恐懼的反面是「信心」，「信心」是一個人排斥不想要的每種事物的主人，是一個人獲得想要的每種事物的方法。

一個人要想有可能超越對於任何疾病的任何恐懼之上，他要做的唯一的事就是要認識到：他的心理除去他自行加上去的限制之外，其實是沒有限制的，可以任意飛翔……

不久之前，給我做牙科手術的牙科醫師告訴他的另一位病人我是如何動手術的，我的牙齒都被取出時，我並未感到疼痛或不舒服。

這位病人是一位牧師，然而他表示懷疑有人能做到那一點。而大多數牧師都知道：「當心理受到信心的激勵時，心理的力量是無限的。」所有的醫師和牙醫師都知道：「在大多數情況下，恐懼對病人的傷害勝過他所患的身體疾病對他的傷害。」

身體的疼痛是自然提供的一種普遍語言，自然能用這種語言對全體動物說話，這是真實的；同時，隨同這種語言，自然又提供一種靈巧的方法，用以確保個人能接受疼痛的指導，而不致屈服於疼痛之下，這也是真實的。當身體的疼痛變得大於個人所能忍受的程度時，自然就讓他睡眠，這種情況再一次證明：自然能保持事物處於平衡，絕不允許一個人遭受任何形式的傷害或不舒適而不提供醫治它的方法。

實際上醫生已經將這種自然原理運用在一種稱為半麻醉的制度上，迫使產婦處於半知覺狀態，排除了產婦在嬰兒誕生時對疼痛的恐懼。無痛的輕微皮下注射，或者暗示療法（部分催眠）都可達到半催眠效果。

醫師應用催眠術，能把有意識心理暫時放到一邊，從而通過病人的下意識心理，給病人發出指令。病人可能需要這種指令來幫助他克服身體疼痛或任何心理情況——可以使他痛苦——當然也包括各種形式的恐懼。

催眠是自然的另一種聰明保護法，自然提供保護法是為了保護個人抵抗身體疼痛和心理疼痛；催眠又是一種個人可以用來調節他心理，以便達到任何想望的目的的調節法，例如：用富裕代替貧窮。

自我暗示（自我催眠）不斷地為人所應用，不論他們認識到這個事實沒有，而這個真理的可悲部分在於大多數人無意識地用消極的方式應用這個強有力的方式，以致這種方式只能給他們帶來貧窮、疾病、不幸、恐懼和幾乎以每種可設想的形式自我強加的限制。這種消極地應用自動暗示發生在一個人允許他自己受恐懼和憂慮的折磨時，這種恐懼和憂慮就把他的心理保持在他所不喜歡的境遇和事物上。

積極地應用自我暗示就能使人把他固定在他所喜歡的境遇和事物上。用以達到這個目的的公式是很簡單的，並且是在個人的直接控制之下。

當兩個或更多的人，為了達到確定的目的，和諧地應用自我暗示進行工作時，他們往往能獲得近於奇蹟的結果。

## 5．五種你能應用而獲益的力量

當你繼續閱讀以下各章時，你可發現其中有些重要的力量可以為你所用，使你獲益。

1．自我暗示

一個人用這種方法時，只要進行簡單的程序：使自己的願望帶有感情色彩，常常再三說出那些願望，這樣便能把指令發給下意識心理，以便達到所願望的目的。

2．轉化

就是把一種形式、物質或思想改變為另一種形式、物質或思想，例如：把心理從恐懼不幸和貧窮的思想改變為富裕、幸福和成功的思想。

3．集體心理

就是兩個或更多的心理，為了達到確定的目的所結成的聯盟，最牢固的「集體心理」聯盟就是存在於夫婦間的聯盟。

4．自我催眠

催眠是自然提供的一種聰明的方法；一個人用這種方法可以調節自己

的心理，以達到所想望的任何正當目的。

### 5．下意識心理

是頭腦的一部分，是第六感，或到達「無限智慧」的通道。別人所發出的消極思想正是經過這個通道（有時人們不小心地讓它敞開著）可以進入一個人的心理，形成挫折、憂慮、失敗、心理疾病和身體疾病。

第六感要通過下意識心理才能起作用，它既是思想振動的廣播台，又是接收機；個人有責任保衛自己，抵制這部接收機不斷地接收到的別人的消極思想，也有責任保護別人，避免通過電台播出任何消極思想。

一個人用以提高自己的福利以及保護別人的福利的唯一萬全之策，就是心理極其忙碌地播出積極思想，以致無暇顧及播送消極思想。因為，「一個人無論發出什麼樣的思想，這種思想都會被大大地增值，再回饋回來賜福生財或惹禍生非。」

一位偉大的哲學家曾經十分簡明地說明了這個真理——

「你用你所發出的思想給別人或為別人無論做了什麼，你也就給你自己或為你自己做了什麼。」

因此，用來保護自己、抵制別人發出的消極思想流入的最好方法，就是保持自己的廣播電台忙於播送以致無暇顧及接收消極思想。這個公式是不可摧毀的；它是實用的，而且是在一人的控制之下的。

由別人發出的消極思想能通過第六感進入一個人的心理；但這些思想能通過自然暗示，被立即轉變為積極思想，並被指揮去達到一個人所喜愛的境遇和事物。這是人類用以完全佔有自己心理的形式。

有的原則雖然能把許許多多人引到挫折和失敗，但如果你能了解它，並且能懷著確定的目的去應用它，它就仍然提供成功的動力。

## ★策略提要

1．積極心態對於排除病因有極大作用。
2．成功者都能控制他們身心的疼痛。
3．心理，是人類有權完全控制的唯一東西。
4．「我並不對我所經歷的苦難感到遺憾，因為我的苦難已經給予我道義的毅力，用這種毅力，我將在將來為我自己獲得幸福。成功學就是所有通稱「自我決定」的原理。

5．苦難對一個人可以成為絆腳石，對於另一個人卻是走上更高生活領域的墊腳石。

6．一個人幫助別人解決問題時，就能發現也是在解決他自己問題的方法。

7．信心是一個人排斥不想要的種種事物的主人，是一個人獲得想要的種種事物的方法。

8．你的心理是沒有限制的，除去你自行給它加上的限制。

9．當心理受到信心的激勵時，心理的力量是無限的。

10．自我暗示就是有感情地再三說出自己的願望，就是給下意識心理發出指令，以便達到目的。

# Part 6

## 人生是在戰鬥中求成長

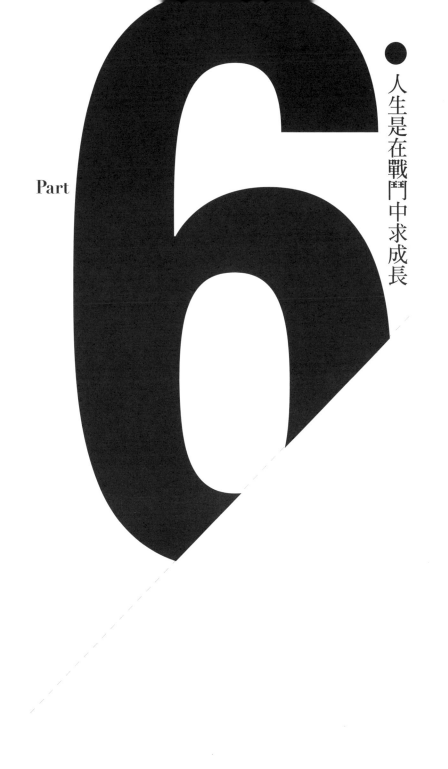

## 1．戰鬥的必要性

「必須進行戰鬥」是自然提供的聰明方法之一，自然藉由這種方法，強迫個人以抵抗，求得擴大、發展、進步，以致成為強人。戰鬥確實不是成為嚴峻的考驗，就是成為宏偉的經驗，個人經由戰鬥便能為他有機會征服他的戰鬥目標而表示感激。

人生，從生到死，確實是一場永無休止的戰鬥，沒有一個人能避免。

克服無知需要戰鬥。教育包含著永久的戰鬥，每天都是開始的日子，因為教育是積累的。它是一件終生工作。

物質財富的積累充滿了必要的戰鬥；實際上這種戰鬥多到許多人在他們生命的早期就殺害了自己，這是由於他們在努力獲得多於他們所需要的錢財過程中，過於用盡心機和耗費精力了。

我們為了保持良好的身體健康，要求與健康的形形色色敵人進行永久不懈的戰鬥；要為解決食宿問題而戰鬥，要為獲得謀生機會而戰鬥，要為找到工作而戰鬥，要為在職業中得到褒獎而戰鬥，要為保住企業不致破產而戰鬥……

我們無論向那個方向看看，都可以發現：「個人為生存，幾乎對每種日常生活情況都需要進行戰鬥。」

## 2．戰鬥要有正確的目的

我們不得不承認：這種偉大而普遍的必要戰鬥一定要有確定的、有用的目的。

那個目的必然會迫使個人磨練他的智慧，喚起他的熱情，鼓起「信心」的精神，確立確定的目的，發揮他的意志力量，鼓舞他的想像力，賦予他的舊觀念以新的應用，從而完成某種未知的使命，他可能就是為這種使命而誕生的。

## 3．戰鬥的巨大作用

戰鬥能阻止人類與自我滿足或懶惰併在一起，強迫人類在完成他的人生使命中前進和上升，從而使得個人無論對什麼所做的貢獻可能就是地球上人類的普遍目的。

身體力量和精神力量都是戰鬥的產物！

愛默生說：「做一事，長一智。」

如果你能面臨戰鬥，你就會獲得足以供給你一切需要的力量和智慧。

如果你希望長一隻強壯的臂膀，你就讓它系統地使用一個三磅重的鐵錘，不久你的臂部肌肉就會像鋼索一般。

如果你不希望長一隻強壯的臂膀，你可以用繃帶把它捆著，使它廢棄不用，排除戰鬥的理由，它的力量就會萎縮，以致消失。

各種形式生命的衰退和死亡，都是來自疾病。

自然所不能容忍的事就是懶惰。

自然通過必需的戰鬥和改革律，保持全宇宙每種事物處於不斷的運動狀態中。從物質的電子和質子到浮於太空的行星和太陽，沒有一樣東西曾經靜止過一秒鐘。

自然的格言是——不動則亡！沒有折衷的餘地，沒有讓步，沒有任何理由的例外。

觀察一下那種已賺了大錢而「退休」了的人發生了什麼情況吧——放棄了戰鬥，因為他不再相信戰鬥是必要的了。

最強大的樹並不是生長在嚴密保護的樹，而是長在開闊空間的樹；這種樹在那兒要不斷地與風和一切其他的天候因素進行戰鬥。

## 4．最堅韌的橡樹

我的祖父是製造四輪運貨馬車的人。他在整理耕地時，總是在開闊的田裡留下一些橡樹，在那兒橡樹因曝露在露天，就長得很堅韌。後來他就把這些樹砍掉，用來製造運貨馬車輪子所需要的「輪木」——能被彎成弧形的，在製作過程中不會折斷的木料。

他發現，被樹林所保護的樹就不能生產他所需要的那種木料。那種樹太柔太脆，因為它沒有經歷必要的戰鬥——這完全相同的理由，可以說明為什麼有些人會柔弱地完全無法對付人生的阻力。

## 5．戰鬥才能成功

大多數人在他們所能選擇的每個境遇中，都是沿著阻力最小的路線度過一生的。他們沒有認識到：一切河流是沿著阻力最小的路線前進，而有些人是沿著彎曲的路線前進！

人們進行種種形式的戰鬥時可能要遭受一些痛苦，但是自然為了個人受到的痛苦要給以下列形式的補償：力量、力氣和智慧，這些都來自實際的經驗。

我在組織「成功學」時，就獲得了啟示性的發現：各行各業中領導人的領導地位的高低，幾乎與他們為獲得他們的領導權所進行的戰鬥程度成正比。

我觀察到，從古至今，在暫時性的巨大危機時刻，似乎沒有未經過必要戰鬥徹底考驗的人被選為領袖。

我們可清楚地看到：文明是永遠戰鬥的產物。

是的，戰鬥確實是造物主的方法之一，用以強迫個人對「改革律」做出反應，以便宇宙的全面計劃得以貫徹。

如果任何人願意接受政府的慷慨賞賜，而不靠著個人的首創精神，給自己提供必需品，而他又甘與這種心態和睦共處，這個人便走上了通往腐敗和精神昏聵的道路了。當任何國家的大多數人民放棄了他們通過戰鬥而前進的遺傳特權時，歷史明白地說明了這整個國家是處在腐敗中了，那就不可避免地必定以消滅告終。

如果一個人不僅願意靠政府公庫的錢過活，而且要求由金庫供養他，這個人在精神上便已經死亡了。

雖他的物質身體仍在行走，但只是個空殼，它唯一的未來希望只是一次葬禮。

## 6．戰鬥給人無限利益

人能願望從戰鬥中得到什麼更大的利益呢？

人能從什麼事項中得到什麼更大的報酬呢？

開拓心理，我們更可以容納和預見到重要的人生實質！

沒有能力縱覽人生全景和確立人生目的時，就不能取得寧靜心情。我們必須認識到：我們個人誕生到這個物質世界，既沒有舉行過典禮，也沒有經過我們的同意，只為了實現超越我們個人樂趣和願望之上的其他各種追求。

一旦我們理解了這個更廣闊的人生目的，我們就能和諧對待我們在通過這一條道路時所必須經受的戰鬥經歷，並且視它們為良好的機遇，通過這種機遇，我們可以準備好躍上比我們現在所居住的生存空間更高、更好的層面。

**★策略提要**

1．整個宇宙是在不斷的運動中。

2．整個人生就是一個不斷戰鬥的過程。

3．戰鬥的必要性在於——

⑴積累精神財富：受教育、求知識、開發智力。

⑵積累物質財富：致力生產。

⑶保持身體健康：增加體力，增強身體的免疫功能，增進健康。

⑷保持心理健康：確立較高人生目的，培養積極心態，獲得寧靜心情，以增強抗挫的能力。

⑸維持日常的正常生活。

4．個人成功的大小與他戰鬥的程度成正比。

# Part 7

# 怎樣征服貧窮

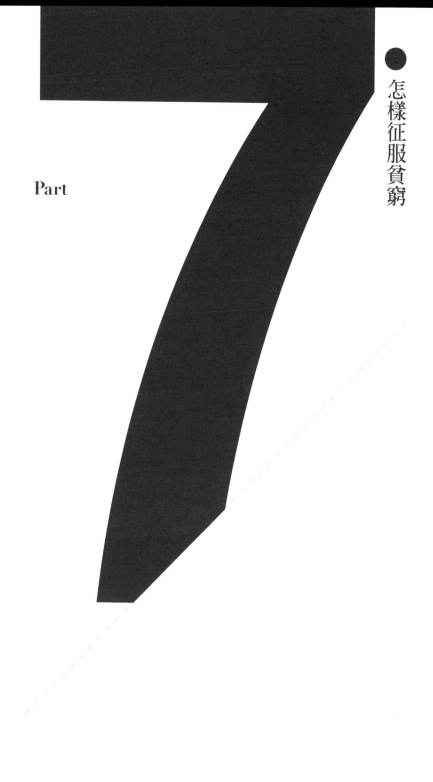

## 1．人對貧窮的心態決定貧窮的禍福

貧窮是消極心態的結果，而消極心態實際上是每個人時常都可能經歷到的。貧窮是七種基本恐懼中第一種和最悲慘的一種；它與其他六種恐懼一樣，受個人的控制。

大部分人都是誕生於貧窮的環境中，把貧窮作為不可逃避的東西接受下來，帶著貧窮度過一生；這個事實說明：貧窮是人們生活中多麼強有力的一個因素。貧窮是把弱者與強者區別開來的測試方式之一，因為很值得注意的事實是：那些征服了貧窮的人不僅在物質上變得富裕了，而且在精神價值方面也變得富裕了，並且常常很明智。

我發現那些征服了貧窮的人有一種銳敏的感覺——相信他們實際上也有能力征服橫在他們前進道路上除貧窮外一切別的事物；而那些把貧窮作為不可逃避的事物加以接受的人們，在許多別的方面也顯示了弱者的跡象。似乎沒聽說過有什麼人把貧窮作為不可避免的事物接受了，卻還能運用那種天賦才能去佔有他自己的心理力量。

人的一生，都要經受許多時期的考驗；這些考驗能很清楚地揭示他們是否已經接受並應用了那種獨一無二的控制他們自己心理力量的巨大天賦才能。我觀察到伴隨著這種來自自然的巨大天賦才能同行的，便是給予疏於信奉和應用這種天賦才能的人一定的懲罰，以及給予承認和應用這種天賦才能的人一定的報酬。應用了這種天賦才能的人所得到的較重要的報酬之一，就是完全擺脫了全部七種基本恐懼以及所有較小的恐懼，代替這些恐懼的便是十分接近「信心」的不可思議力量。

疏於信奉和應用這種天賦才能的人所得到的懲罰是無數的。除了所有這七種基本恐懼之外，還有不包括在這些恐懼之內的許多其他的不利條件。未能應用這種巨大天賦才能的人所得到的主要懲罰之一就是完全不可能達到寧靜心情。

貧窮也有很多優點，如果一個人能用積極心態對待貧窮，而不藉口貧窮是不可避免的虛假信條，也不採取貧窮是不值得奮力排斥的懶惰態度，屈服於貧窮。貧窮可能是自然的謀略之一，用以迫使人磨礪他的才智，激發他的熱情，按照他個人的創造性行事，進行決定性引戰鬥，抗擊反對他的力量，以便他能生存下去。

貧窮也可能是自然的一種謀略，它用以使個人進入一種心態，個人在這種心態中終於會從內部發現他自己。在任何地方，任何能幹的人都沒有充分的理由去接受貧窮，被貧窮束縛於奴隸狀態。大千世界能給每個人提供一切可能的最好機遇，去信奉和應用這種巨大的天賦才能——有權塑造並得到他自己的世俗命運。個人由此所得的報酬是極大的。

「命運」能對那些誕生於貧窮的人們微笑，這種現象的最佳證據在於大家都很熟悉的事實：出身於豪富家庭的人很少給予世人任何有價值的貢獻，富豪的許多子女由於從來沒有得到適應於貧窮或戰鬥影響的好處，往往成長得很「脆弱」，缺乏必要的耐力或者使他們自身有用的動機。

當「幸運」要對一個擁有巨資的人微笑時，它一般地只選擇那些能提供有用的服務，創造他們財富的人，而不是選擇那些繼承財富或經由能給別人帶來危害的方法獲得財富的人。「幸運」一定要對一切非法獲得財富的人皺眉蹙額，並且常常致使這種財富神祕地消失。

貧窮會成為災禍或幸事，完全取決於個人對待貧窮的心態。如果個人以一種溫順的精神把貧窮當作一種不可避免的障礙，而加以接受，那麼貧窮就會成為那種障礙。如果個人接收貧窮時只把它當作一種挑戰，要個人殺出一條血路，並征服它，那麼它就會變成一種幸事。貧窮既可以成為一塊絆腳石，也可以成為一塊墊腳石，他可以在這塊墊腳石上上升到地可以渴望的無論怎樣高的成就；這完全取決於他對待貧窮的態度以及反應。

貧窮和富裕兩者都繫於一種心態！兩者都準確地遵循個人用他所表達的支配性思想所創造和具體化的模式。貧窮的思想能吸引貧窮思想的物質相似物。富裕的思想同樣能吸引富裕思想的物質相似物。相稱吸引力能把一切思想轉化成和這種思想同質的物質相似物。

這個偉大的真理能說明為什麼大多數人一生都經歷著不幸和貧困了。因為他們總是讓他們的心理恐懼不幸和貧窮，他們的支配性思想也總是放在這些境遇上，而「相稱吸引律」就發揮作用，把他們所盼望的東西帶給他們。

## 2．從貧窮中崛起

小時候，由於繼母的一番關於貧窮的話，使我決心征服貧窮，儘管事實上我出身貧寒。那時繼母來到我們家還不久，我記得她是這樣說的——

「我們叫做家的這個地方，對我們大家說來，是個恥辱，對我們的孩子說來，是一個障礙。我們大家都是有能力的人，我們如果知道貧窮只是懶惰和冷淡的結果，就沒有必要接受貧窮。

「如果我們住在這裡，接受我們現在生活的境況，我們的孩子長大成人後，也會接受這些境況。我不喜歡貧窮；我從來沒有把貧窮當作我的命運來接受，現在我再不要接受貧窮了！

「暫時我並不知道，我們為了擺脫貧窮要走的第一步是什麼，但是我非常了解，無論我們擺脫貧窮的奮鬥需要多久時間，無論我們可能必須做出多少犧牲，我們一定可以成功地擺脫貧窮。我希望我們的孩子將得到接受良好教育的好處；但是，比這一點更重要的是，我希望他們一定要受到擺脫貧窮的雄心壯志的鼓舞。

「貧窮是一種疾病，一旦被人接受了，就會變成一種痼疾，而痼疾是很難擺脫。出身貧窮並不可恥；但是，把這種與生俱來的貧窮作為不可改變的東西來接受，就最斷然地是一種恥辱。

「我們生活於最富裕、最偉大的時代，在這個時代文明已經產生和發展了。現在，各種機遇在向每個人招手，只要一個人有雄心壯志去認識和採用這種機遇；就我們這個家庭來說，如果機遇不向我們招手，我們就要創造我們自己的機遇，擺脫這種生活。

「貧窮很像緩慢的癱瘓！慢慢地它就毀壞了人對幸福的願望，剝奪人享受人生較好事物的雄心壯志，暗暗破壞人的創造性。還有，貧窮能趨使人的心理去接受無數的恐懼，包括恐懼疾病、恐懼批評和恐懼身體疼痛。我們的孩子太小，還不懂得把貧窮當作他的命運來接受的危險，但是我要注意到使他們意識到這些危險。」

她是以鼓勵父親進「牙科學院」，以後當一名牙醫作為踏出擺脫貧窮的第一步，並用她前夫逝世後所領取的人壽保險金給父親付學費。

後來我繼母就用她對我父親的投資所得的收入送她的三個孩子、我和我弟弟讀完大學，使我們每個人動身走上征服貧窮的征途。在我大學畢業後，她並且竭力支持我接受一種職務，在這個職務中，已故安德魯·卡內基給我一個機遇，沒有一位作家曾經有過的，這個機遇允許我向五百多位最高層的成功者學習，他們與我共同研究提供給世人的個人成就的實用哲理。這個哲理是從我的共同研究者的終生經歷所獲得的「竅門」。

因此，我們可以明白，貧窮可能是鼓舞一個人去計劃和達到深謀遠慮目標的一種方法。我的繼母不怕貧窮，但是她不喜歡它，並且不肯接受它。不知什麼緣故，造物主似乎偏愛這樣的人：他們確切地知道自己需要什麼和不需要什麼。我的繼母就是這種人。如果她接受了貧窮，或者她恐懼貧窮，那麼，你現在正在閱讀的行行文字就絕不會被我寫出來了。

## 3．人人有擺脫他不想要的東西的特權

貧窮是一種偉大的經歷，卻也是一種在經歷後就要予以征服的東西，如此才不致毀壞自由與獨立的意志。從來未經歷過貧窮的人是該受到同情的；但是，那種經歷過貧窮卻把貧窮作為他的命運的人也許更應該受到同情；因為他已經宣告他自己接受永久的束縛。

在整個文明時代中大多數真正偉大的人都是了解貧窮的，而他們在經歷了貧窮後，否定了貧窮，征服了貧窮，使他們自己得到幸福。否則，他們就絕不能成為偉大。任何人從生活中接受了他所不想要的東西，就不能得到幸福。造物主已經提供給每一個人在很大程度上決定他自己世俗命運的方式，這種方式就是一個人有擺脫他所不想望的東西的特權。

貧窮可能是一種意義深遠的幸事。它也可能是一種畢生的災禍。貧窮

會產生那種情況的決定因素，就因一個人對貧窮所採取的心態而定。如果一個人把貧窮視為向更大努力的挑戰，貧窮便是一種幸事。如果一個人把貧窮視為一種不可避免的障礙，那麼，它便是一種持久的災禍。恐懼貧窮會隨之帶來許多有關的恐懼，包括恐懼身體疼痛和心理疼痛！

有個故事是這樣的：有個人死了，走到了地獄。在他接受入地獄的考試中，撒旦問他：「你最恐懼什麼？」這個人答道：「我什麼都不怕。」「那麼，你走錯了地方。我們只供應被恐懼所束縛的人。」地獄中沒有無所畏懼者的位置。

## 4．貧窮能轉變成富裕和成功

我一聽到「恐懼」這個詞，就不能不想到「麻薩諸塞州互助人壽保險公司」的魯本．達比所告訴我的一個故事——

魯本．達比還是個小孩時，他的叔父在馬里蘭州的一個農場附近開磨坊，農場裡住著一戶黑人佃農家庭。一天，一個十歲的女孩來到磨坊向磨坊主人要五十分錢。

這位磨坊主人在工作中抬頭一望，看見這個黑人女孩有禮貌地離著一點站著，便問道：「你要什麼？」

這個女孩屹立不動，答道：「我媽媽說給她五十分。」

這位磨坊主人怒氣沖沖，用威脅的語調粗暴地答道：「我不能給你！現在你給我滾回去，否則我就要揍你！」他繼續做他的工作。

過了一會兒，他又抬頭望望，看見那個小孩仍然站在那裡。他抓起一塊板子向那個小孩揮動，說：「如果你不離開這裡，我就要用這個揍你。現在，走開，我就……」

他話還沒說完，那個黑人女孩就突然衝到他面前，抬起她的臉，用最高的聲音尖叫：「我的媽媽要弄到五十分！」

磨坊主人慢慢地放下板子，把手伸進他的衣袋，取出五十分，把錢交給了女孩。她抓起這筆錢，迅速倒退到門邊，把門打開後像小鹿一樣飛跑而去，留下磨坊主人目瞪口呆地思忖這神祕的經歷——一個黑人小女孩竟然征服了他，帶著錢跑掉了！

真的，恐懼能被轉變為勇敢——這個事實已由這個女孩最令人信服地證明了。

同樣，貧窮能被轉變成富裕和值得注意的成就，就像我的繼母把我們的家庭提高到貧窮利絕望之上。因此你只要佔有了自己的心理，並指揮它集注於確定的目的，就無需仍然是貧窮或任何其他惡劣東西的犧牲品。

## 5．十二種巨大的人生財富——貧窮的剋星

貧窮和富裕之間的差別是不能僅用金錢或物質財產來衡量的。人生有十二種巨大的財富，其中十一種不是物質的，但與人類可以利用的精神力量有密切關聯。為了使你理解如何把貧窮轉變為財富，下面簡略地闡述這十二種巨大的人生財富，它們可說是貧窮的剋星。

### 一、積極的心態

「積極的心態」列為「十二種巨大人生財富」的首項，因為所有的財富，不論是物質的或精神的，開始時都是一種心理狀態，而心理狀態是一個人可以具有完全的、不可剝奪的力量加以控制的東西。一個人的心態能提供一種「拉力」，它能以恐懼、願望、懷疑和信條的物質等價物吸引自

己。心態也是決定一個人的祈禱帶來消極的還是積極結果的因素。

**二、良好的健康**

良好的健康從健康意識開始，健康意識是心理的產物，而健康由飲食的節制、適度和身體的平衡活動獲致。保持積極的心態是防止人類已知的疾病最重大的方式之一。

**三、和諧的人際關係**

和諧有兩種：對己和諧以及對人和諧；這兩種和諧都極重要，故列為十二種巨大人生財富之一。你的首要責任就是建立內在和諧，它要求征服恐懼，保持積極心態，確立人生的主要目的，然後建立持久的信心去達到這個目的。心靈深處如能保持寧靜，那麼要與人和諧相處就沒有困難了。

人際關係中的摩擦往往是一個人內心中的混亂、挫折、恐懼和懷疑的結果，這個人常常對別人反映這些消極心態，這樣，就使和諧不可能形成了。對人和諧要從對己和諧開始，正如莎士比亞所說：「真實對待你自己的自我，如此才不致虛偽待人。」

**四、擺脫恐懼**

受恐懼奴役的人是不會富裕的；也不會幸福。恐懼是邪惡的前兆，是對造物主的凌辱，因為造物主使人類能完全控制他的心理，也就是給予人類一種用以拒絕他所不喜歡的無論什麼樣的東西的方法。在給你自己就「擺脫恐懼」這一項打分數之前，你一定要深深地探查你的心靈，並確信這七種基本恐懼中沒有一種潛藏在你的內心。

當這七種基本恐懼已經被轉化成信心時，你便將達到佔有自己的心理，並由此佔有你在人生中所喜歡的一切東西，以及拒絕你所不喜歡的一切東西之境。沒有這種「擺脫恐懼」，其他十一種巨大的人生財富便可能是無用的。

## 五、對未來滿懷希望

「希望」是信心的先驅，而信心是一切心態中最偉大的一種！「希望」能在緊急關頭支持一個人，那時如果沒有「希望」，「恐懼」便會乘虛而入。「希望」是意義最深遠的一種幸福的基礎，這種幸福來自盼望某種尚未實現的計劃或尚未達到的目的能獲得成功。

真的，敗者不能懷著希望展望將來；你應當希望，你將成為你所喜歡的那種人，你將得到你一生中都喜歡佔有的位置，或者你將達到你在過去所未能達到的目的。

## 六、信心

「信心」是人類有意識心理和巨大的宇宙「無限智慧」庫之間的聯繫。它是人類心理花園裡的肥土沃壤，那兒可以生產一切人生財富。它是「永恆的靈丹妙藥」，這藥能使人的思想衝動具有創造力，從而使人行動起來。它是心靈的生命活力，它是無極限的。

信心是精神素質，信心與祈禱相結合時，就能使人立刻直接和「無限智慧」相聯繫。信心是一種力量，能把平常的思想能力轉變為它的精神等價物，它是唯一的，可以使「無限智慧」為人類所應用的方式。

## 七、願意與人分享自己的幸事

你如未能學會把自己的幸事分享給別人的藝術，就不能發現通向持久幸福的道路；因為幸福主要來自分享你的自我以及你的幸事。讓我們記住：你在別人心中所佔的空間完全決定於你通過何種形式的分享所提供的服務。而在財富能為別人服務的地方，就把財富與別人分享。忽視或不肯分享自己的幸事給人，便斷然是一種切斷你與你心靈之間交通線的方法。

一位偉大的教士說：「在你們當中最偉大的人，就是能成為一切人公僕的人。」

一位哲學家說：「如果你能幫助你兄弟的船過河，看哪！你自己的船就已經到岸了。」

又一位偉大的思想家說：「無論你對別人或者為別人做了什麼，你也就是對你自己或者為你自己做了什麼。」

## 八、喜愛的勞動

有一種人發現了他所喜愛的勞動，並且能忙碌地從事這種勞動，因為喜愛的勞動是表達人的願望的最高形式；沒有人比這種人更富裕了。勞動是人類的必需品的供求之間的聯繫，人類進步的先驅。一切喜愛的勞動都是正當的，因為它能對進行這種勞動的人帶來自我表現的歡樂。如果你能做你最喜愛的事，你的人生將因此是豐富的，你的心靈將得到美化，而你將鼓舞你所接觸到的一切人滿懷希望、信心和勇氣。

從事喜愛的勞動乃是對憂鬱、挫折、恐懼的治療用劑中最偉大的一種。它是身體健康的無與匹敵的建設者。

## 九、豁達大度

容忍是文化較高的特質之一，你只有對一切問題懷著豁達大度的心理，才能對一切人、在一切時候表現容忍。你只有能保持豁達大度的心理，才能成為真正受了教育的人，因而才能準備好去信奉和應用十二種巨大的人生財富。

封閉的心理能退化，並能切斷個人與「無限智慧」之間的交通線。開放的心理能保持個人永恆地處於受教育和取得知識的過程中，這個人只要用這種教育和知識，就可以佔有他的心理，並指揮它達到他所喜歡的目的。

**十、自我控制**

你如果是你自己的主人，那麼你就是——

「你命運的主人，你心靈的指揮者。」

最高形式的自我控制在於一個人得到了巨大的財富，或者由於他所提供的服務而受到廣泛的讚揚時，他能表現謙遜的心。自我控制是唯一使個人得以充分佔有他自己的心理，並指揮它去達到他可能希望的任何正確目的的方法。

**十一、了解別人**

非常善於理解人的人承認：一切人基本上都是相同的；人們都是從相同的主幹進化來的；一切人的活動，好的或壞的，都是受到九個基本人生動機中的一個或幾個的鼓舞。

九個基本人生動機就是：

1．愛的情緒
2．性情緒
3．獲得物質的願望
4．自我保存的願望
5．身心自由的願望
6．受讚揚和自我表現的願望
7．死後生命永存的願望
8．憤怒情緒
9．恐懼情緒

你要理解別人，就必須首先理解自己；因為在相同的情況下，激勵你行動的動機主要地和激勵別人行動的動機一樣的。

理解別人是一切友誼的基礎；它是人際間一切和諧和合作的基礎。

理解你自己，你便能走上理解別人的道路。

**十二、經濟安全（金錢、知識）**

在十二種巨大的人生財富中最後一種但不是最不重要的一種，就是可以接觸到的那一部分：用以確保一個人的經濟安全的金錢或知識。經濟安全並不是單獨用佔有金錢所能變得的。它是由一個人所提供的服務獲得的，因為有用的服務可以轉化為人的必需品，可以用也可以不用金錢。

亨利．福特獲得經濟安全，實在不是由於他積累了大量的金錢財富，而是由於他給眾多的人們提供了有益的工作，以及給數量更多的人提供了可靠的汽車運輸。

精通和應用「成功學」的人們都獲得了經濟安全，因為他們具有獲得金錢的方法。他們可以用光了錢，或者由於錯誤的判斷失去了錢，但這並不能剝奪他們的經濟安全，因為他們知道金錢的來源以及如何接觸那個來源，由那個來源受益。

安德魯．卡內基發起組織「成功學」，因為他相信：積累金錢的「訣竅」應當讓每個人都知道。安德魯。卡內基在晚年捐出了他的大部分財富，幾乎達十億美元。在他逝世前不久與我談了一次話，他說：「我已經把我的大部分財富送還給人民了，這些財富就是從那兒積累起來的；但是，我這筆錢是極其微小的，要是把它與我以成功的『訣竅』留給人民的財富比較起來，我已經委託你把這種成功的『訣竅』轉交給世人。」

你現在已經了解到貧窮的對立物就是這十二種巨大的人生財富。而那些信奉和應用它們的人將很易於吸引第十二種巨大的人生財富——金錢；注意到這種情況，應當是令人十分鼓舞的。信奉這十二種巨大的人生財富，在你的日常生活中應用它們，你就會成為一位成功者；因為成功不過恰恰就是獲得這十二種幸事。

## 6．十二種巨大的人生財富自我測試

為了進步和成功，你可以定期，一月或一季，就十二種巨大的人生財富，做一次自我測試。這個測試就是測試你征服貧窮的能力。

評分標準是：優秀3分，良好2分，不足1分，缺乏0分。

總分36～25屬優秀，24～13屬良好，12～1屬不足，0屬缺乏。

| 序號 | 十二種巨大的人生財富 | 優秀 | 良好 | 不足 | 缺乏 |
|---|---|---|---|---|---|
| 1 | 積極的心態 | | | | |
| 2 | 良好的健康 | | | | |
| 3 | 和諧的人際關係 | | | | |
| 4 | 擺脫恐懼 | | | | |
| 5 | 對未來滿懷希望 | | | | |
| 6 | 信心 | | | | |
| 7 | 願意與人分享自己的幸事 | | | | |
| 8 | 喜愛的勞動 | | | | |
| 9 | 豁達大度 | | | | |
| 10 | 自我控制 | | | | |
| 11 | 了解別人 | | | | |
| 12 | 經濟安全（金錢、知識） | | | | |

## ★策略提要

1．人對貧窮的心態決定貧窮的禍福。

2．那些征服了貧窮的人不僅在物質上富裕了，而且在精神價值方面也富裕了。

3．在任何地方，任何能幹的人都沒有充分的理由去接受貧窮，被貧窮束縛於奴隸狀態。

4．出身於富豪家庭的人，很少給世人任何有價值的貢獻。

5．「幸運」一定要對一切非法獲得財富的人皺眉蹙額。

6．貧窮和富裕兩者都繫於一種心態！兩者都準確地遵循個人用他所表達的支配性思想所創造和具體化的模式。

7．人人都是有能力的人，我們若知道貧窮只是懶惰和冷淡的結果，就沒有必要接受貧窮。

8．我不喜歡貧窮；我從來沒把貧窮當作我的命運來接受。

9．出身貧寒並不可恥；但是，把這種與生俱來的貧窮作為不可改變的東西來接受，就最斷然地是一種恥辱。

10．人際關係中的摩擦往往是一個人內心中的混亂、挫折、恐懼和懷疑的結果。

11．受恐懼奴役的人是不會富裕的；也不會幸福。

12．希望是信心的先驅，而信心是一切心態中最偉大的一種。

13．一切喜愛的勞動都是正當的，因為它能對進行這種勞動的人帶來自我表現的歡樂。

14．容忍是文化較高的特質之一，你如對一切問題懷著豁達大度的心理，才能對一切人、在一切時候表現容忍。

15．你要理解別人就必須先理解自己；理解你自己便會走上理解別人的道路。

Part 8

# 化失敗爲幸事

## 1．失敗的好處及例證

失敗常常可以成為一種偽裝的幸事，因為它能使人從預期的目的醒覺過來，失敗常常能打開新的機遇之門，通過嘗試錯誤法，給人提供人生現實的有用知識。

失敗往往能揭示不能實行的方法，醫治徒勞無功的驕傲自滿。

為了說明失敗的好處，以下提出一些例證：

1．康沃利斯勛爵指揮的英國軍隊在一七八一年的失敗，不僅使美國殖民地獲得了自由，而且也許在第一次和第二次世界大戰中拯救了英帝國，免於整個毀滅。

2．美國南方由於在內戰中喪失了他們的奴隸，遭受了經濟的失敗，這種失敗終於在幾個方面產生了等量利益的種子：

(1)奴隸的喪失迫使人們要開始依靠他們自己，因而他們發展了個人主動精神。

(2)奴隸的喪失迫使南方的人們在經商和職業中並肩代替了奴隸。

(3)美國工業迅速向勞力、原料、燃料和氣候條件都更優越的南方轉移。而南方人也開始把土地出售給北方工業。

3・亞歷山大・貝爾博士為了他耳背的妻子，多年研究於尋找一種製造助聽器的方法。他在他原來的目的上失敗了，但是這種研究卻使他意外發現了遠距離電話的祕密。

4・大約在一九二〇年收音機剛剛開始普及時，「維克托留聲機公司」大為吃驚，因為似乎收音機要毀滅留聲機事業了。「維克托留聲機公司」的總工程師發現，可以利用收音機的原理製造更好的唱片，而這個發現又導致人們產生對留聲機的要求；沒有這種發現，這個公司是絕不會知道這種要求的。

5・愛迪生最先的主要失敗在於學校老師宣判他不能接受教育。不過家庭教育使他得以成為真正偉大的發明家。

6・愛迪生的部分耳聾可能被某些人認為是一種重大的失敗，但是他用他的第六感，發展「從內部」聽的能力而克服了聽覺的障礙。也許，在他的發明事業中，耳聾恰恰成了他揭示許多自然奧祕能力的一個強有力的因素。

7．在我還很小時，我的母親就去世了，這當然早就被某些人認為對我是一個重大的障礙，但是喪母的結果是與人的預料大相徑庭的。喪母給我的補償是繼母，她對我的影響有極深遠的意義，因為她鼓勵我從事一種職業，我由此得以為別人服務，而這種服務的範圍比我用其他職業可能給別人服務的範圍要大得多了。

8．我的伯父是個百萬富翁，他逝世後並沒有給我留下任何遺產，那時我覺得我遇到了最大的失敗。但後來我感謝他未給我留下遺產；因為這樣我才能靠自己的力量征服貧窮，並且從中學會如何去教別人征服貧窮的方法。

如果你能對無論在何種情況下的失敗加以分析，你就會發現一個意義深遠的真理：每種失敗都能隨之帶來同等利益的種子。這並不是說：失敗能隨之帶來同等利益的完全成熟的果實，而是僅僅帶來種子，這個種子還必須通過一個人的主動精神、想像和確定的目的，才能發芽、成長、結果。

9．大多數人總認為沒有雙腿是一種重大的失敗，但是，富蘭克林・羅斯福卻從中得到一種堅定的精神；他用撐架生活下去，似乎沒有腿還是能過得挺好的。他對待自己不幸的心態是——把自己的不利條件減到最小的不便。

10．亞伯拉罕．林肯經商、從軍、當律師都失敗了，卻能把他的才能用於準備好當美國歷來最偉大的總統。

11．在我早期的職業中，我經歷了二十多個失敗，這些失敗改變了我的道路，終於引導我走進一個新的領域，從此我得以用最好的方式為別人服務。

12．有的人由於身體的不健康，常常能把個人的注意力從他的生理身體轉移到他的腦力，自我打開機遇的廣闊天地；如果他沒有喪失健康，就絕不會認識到這種機遇。

就同前面提到的癱瘓中的米羅．瓊斯想到了用小豬製香腸，並命名為「瓊斯小豬香腸」，而成為百萬富翁的故事一樣，當瓊斯能夠充分利用他的健康身體時，他卻未能發現他的極好財源，這個事實說明，要有某種東西給意義深遠的思考提供精神食糧。偉大的改革律必須把瓊斯拋到床上，讓他仰臥著，打破他用手謀生的老習慣，以便引導他使用他的腦力，並發現他的智力比他的體力要無限地大得多。

真的，自然絕不允許只提供給個人任何天生的權利和幸事，而不提供給他某種形式的等量利益的潛能，正像米羅・瓊斯的那種情況。

## 2．繼續嘗試

失敗是幸事還是災禍，決定於個人對失敗的反應。如果一個人把失敗看作來自「命運之手」的推動，這個信號是要他向另一個方向前進，如果他能按照這個信號行事，他的經歷實際上就一定是幸事。如果他把失敗作為他弱點的徵兆來接受，反覆思索這個失敗，直到他產生了一種自卑感，於是失敗便成了災禍。

沒有人能完全免除失敗，每個人在一生中都會遭遇到多次失敗，但是每個人都有特權和方法應用自己所喜歡的任何方式對失敗做出反應。

一個人若未能控制境遇，便往往會遭受失敗；但是，任何境遇也不能阻止一個人使用最適合於他的利益的方式對失敗做出反應。

失敗是一種一個人可用以測定自己弱點的正確度量方法；因此，失敗能提供改正弱點的機遇。就這個意義說來，失敗永遠是一種幸事。

失敗通常能以下列兩種方式中的一種影響人：僅僅把失敗當作對更大努力的挑戰，或者被失敗壓服和沮喪，不再嘗試。

大多數人在失敗初露跡象，甚至在失敗突然降臨到他們身邊之前，就放棄希望，停止嘗試了。很大百分比的人只受到一次失敗的襲擊，就停滯不前了。可是當領袖的人是絕不會為失敗所屈服的，而是永遠用失敗來鼓勵他盡更大的努力。注意你的失敗，你就能知道你是有領導的潛力。你對失敗的積極反應能使你得到一條可靠的成功線索。

如果你在某種事業中失敗了三次之後，仍然能繼續進行嘗試，你就可以認為你在你所選擇的職業中有可能當領導者。

如果你能在失敗了十二次之後，仍然繼續進行嘗試，天才的種子就會在你心靈內發芽。

似乎自然常常用逆境把人打倒，以便獲悉在那些被打倒的人中，誰能爬起來，再做一次奮戰！那些成功的人是被選出來的能掌握命運的人，他們往往能充當對人類極為重要工作的領導人。

下次當你遭遇失敗時，如果你能記住每種失敗和每種逆境都隨之帶來同等利益的種子，並且你能從你所立足的地方出發去認識這種種子，通過行動開始使它發芽，你便可發現世上絕對沒有失敗，除非你接受了失敗。

假如米羅·瓊斯接受了他的不幸，把它視為使人昏迷不起的打擊，他就絕不能恢復了，這當然是很自然、很合邏輯的；如果他這樣做了，也不會有人指責他，但他是用積極的心態對他的障礙做出了反應，這種積極的心態使他與他的心理力量產生了更有效的聯繫。他的反應是這個經歷的重要部分，因為這種反應得到了物質財富的報酬，這種報酬是連他做夢也絕不會想到的。

大多數的所謂失敗只不過是暫時的挫折，如果一個人用積極心態對待這種挫折，就能把挫折轉變成無價的資產。

「人生」從生到死都在不斷地向人們提出挑戰，要人們征服失敗，不要因顧慮而消沉；並願給那些能成功地迎接挑戰的人豐富的財富和巨大的個人權力，作為報酬。

世人會慷慨地寬恕一個人犯了錯誤，遭到暫時的挫折，如果他能把所受的挫折視為暫時，並且繼續嘗試；但是，世人不會寬恕一個人因征服失敗有困難便停止不前，鑄成過失！

「人生」的座右銘是。「勝利者絕不停止，停止者絕不能勝利！」

日本在第一次世界大戰中的失敗，乃是它最大的勝利，因為那種失敗打破了束縛日本人民罪惡的迷信的軛，使他們初次嘗到了民主的甜頭，得到了與其他民族平等地參加文明民族大家庭的機會。

在人類一切的努力中，自然似乎偏愛「愚人」，他不知道他能失敗；但是，在他發現了某事是不能做成功之前，他總是一往無前，做著「不可能的事」。

要不是第二次世界大戰的事變要求的船隻比已經建立的造船體系所能提供的船隻更多，亨利・凱薩先生絕對不能建造適於航海的船舶，也由於他在開始造船時就信心百倍，熱情極高，因此，使得他真正「優越」於造船行業中一些較老和經驗較豐富的行家，結果獲致了空前高的生產和空前低的成本！

「這是做不到的！」會說這種話的人絕不是把他的整個身心都投入宇宙規律之道上的忙碌的人，因為他已使自己適應於那些規律的習慣，而足以抵制失敗。

一位老礦工花了三十年的時間尋找貴金屬，卻只有失望和絕望，直到他受到一次不幸事件的襲擊：他的騾子在蛇洞裡折斷了一隻腿。這頭騾子必須被打死。這位礦工就挖一個洞，準備掩埋這頭騾子，這時，他卻發現了世界最豐富的銅礦！

命運常常選擇戲劇性的方式，用以酬謝在挫折面前能堅持具有繼續嘗試意志的人。

在這個只講實用的現實主義世界中，一個人必須不斷地提醒自己：「我們的唯一限制，就是我們在自己的心理中建立的限制，或者允許別人為我們建立的限制。」

沒有一種經歷可以被歸入失敗一類，除非它被人那樣接受了！只有遭遇到某一經歷的人才有權稱它為失敗或某種別的名字；一切他人的判斷都要被排除在外。

## 3．五十四種失敗主因的自我測試

1．慣於隨著境況漂泊不定，沒有確定的目標或目的。
2．天生不良的身體遺傳。
3．愛管閒事。
4．缺乏一種「確定的主要目的」，作為終生的目標。

5．學校教育不夠。

6．缺乏自我控制，一般表現於過度飲食、性放縱和對促進自身利益的事很冷淡。

7．缺乏超越平庸的雄心壯志。

8．由於錯誤的想法、不適當的飲食和缺乏體育運動造成身心的不健康。（然而像海倫．凱勒這樣的一些人，儘管身患不治之症，卻給別人提供了巨大的服務。）

9．兒童時代受到不良的環境影響。據說：個人性格的主要基礎在七歲時就大致形成了。

10．缺乏貫徹到底的毅力。

11．消極心態形成了固定的習慣。

12．對情緒缺乏控制。

13．希望不勞而獲，通常表現於賭博的習慣。

14．不能迅速而確定地做出決定，做出決定之後也不能遵守決定。

15．具有七種基本恐懼中的一種或數種。

16．選擇配偶有誤。

17．對事業及工作過分謹慎。
18．粗心大意。
19．錯誤地選擇了事業或工作上的夥伴。
20．對職業選擇有誤，或完全忽略了選擇。
21．無法專心於手頭上的工作。
22．慣於任性的花費，不用預算來控制收支。
23．未能預算和最有利的利用時間。
24．不願受控制。
25．來自與宗教、政治、經濟問題有關的無知或偏見所形成的封閉型褊狹心理。
26．未能與別人和諧地合作。
27．所擁有的權力或財富不是由於功績或勞動而獲得的。
28．沒有用忠誠的精神對待應當受到忠誠對待的人。
29．自我主義和虛榮心氾濫。
30．缺乏實事求是精神，計劃輕率。
31．缺乏足以認識良機的見識和想像。

32．敷衍了事。
33．想對別人造成的真實的或想像的傷害加以復仇。
34．慣於用粗鄙和褻瀆的語言說話。
35．愛說別人的閒話。
36．憤世嫉俗，反社會。
37．不相信「無限智慧」的存在。
38．不知道如何祈禱以取得積極的結果。
39．不能從別人的勸告獲益，而別人的經驗正是他所需要的。
40．漠視歸還債款。
41．慣於說謊或不恰當地竄改真實情況。
42．慣於在沒有被邀請時提供批評。
43．過度強調有關招致負債的事。
44．貪求自己所不需要的物質財富。
45．對達到自己所選擇的目標缺乏適當的自信。
46．酒精中毒或使用麻醉劑。
47．煙癮大，特別是一支接一支吸煙的習慣。

48・愛充內行。
49・慣於為別人作擔保。
50・慣於拖延。
51・慣於避開而不是征服令人不愉快的境遇。
52・慣於講得太多而聽得太少。一個人在講話時絕不能學到任何東西，但是永遠可以借助傾聽別人說話的方法，進行學習。
53・慣於接受而吝於給與。
54・在事業和工作上故意不誠實。

請你用這五十四個失敗的原因仔細檢查你自己，如果能在每項原因之後打上「可以」，你將不大可能被失敗所壓制，更不用擔心牙科或外科手術，因為你能將每件事物置於控制之下。

在你給自己評分之後，如果你願意請別人給你就這些失敗的原因逐項打分數——那個人十分了解你，並且有勇氣讓你通過他或她的眼光看看你自己；這樣做應該是既有趣，又有幫助。

## ★策略提要

1．失敗可以是一種偽裝的幸事，失敗能打開新的機遇之門，失敗能提供實用的知識，克服驕傲自滿，失敗含有等量利益的潛能。

2．失敗是禍是福，決定於個人對失敗的反應。

3．每個人都有特權和方法，應用自己所喜歡的任何方式對失敗做出反應。

4．你要把失敗當做是對更大努力的挑戰，用失敗來鼓勵你，讓你能盡更大的努力。

5．你要從逆境中爬起來，再做一次奮戰！

6．每種失敗和每種逆境都隨之帶有等量利益的種子，你要去發現它，使它發芽、成長。

7．積極心態能把挫折轉變成無價資產。

8．世人不會寬恕一個人因征服失敗有困難便停止不前，鑄成過失！

9．人生的座右銘是：勝利者絕不停止，停止者絕不能勝利！

10．命運只酬謝在挫折面前能堅持繼續嘗試的人。

11．我們的唯一限制就是我們在自己心理中建立的限制，或允許別人為我們建立的限制。

# Part 9

## 化悲痛爲力量

## 1・悲痛的積極作用

悲痛能產生許多積極的作用，例如：

1・悲痛絕不會受到人的邀請，但「自然」利用這種方法制約人類在人際關係中變得謙遜和合作。當一個體驗過巨大悲痛的人企圖批評或責備那些傷害過他的人時，他往往能一反常規，不去譴責那些人，卻說：「願上帝同情我們大家吧！」當我們遇到這種類型的人時，我們會直覺地認識到：我們是處在高貴的面前啊！

2・悲痛是心靈的藥劑；沒有這種藥劑，心靈就絕不能為許多人所認識。人類如果沒有悲痛的發酵性影響，就可能仍然處在與動物相同的家族，處在較低的智力水平上。悲痛能打破介於人的身體和精神潛力之間的障礙。

3・悲痛能破壞老習慣，代之以更好的新習慣——悲痛是自然為使人類免於受驕傲自滿和自鳴得意所奴役的方法。

4・經過一次巨大悲痛，可使人發現通向給人幸福心靈之路。

5・愛的情緒是一切情緒中最偉大的一種，悲痛是愛情緒的近親；在災難的時刻，悲痛能使人們友好地相處在一起，並能使人認為成為他友朋的看護人是一種幸事。

6．悲痛能軟化貧窮，美化財富。

僅僅由悲痛所顯示的財富是數量巨大、種類繁多的，我們不可能給這種財富開列清單。悲痛的能力本身就是一個人深層精神素質的證據。無賴絕不懂得悲痛情緒；如果他們懂得悲痛，他們就不會是無賴了。

7．悲痛能迫使人們開列自己的內省清單，從而可以發現用以治療他一切疾病和失望的藥劑。

8．悲痛能使人認識到沉思和靜默的好處，因為在沉思和靜默中，一種看不見的力量可以幫助和安慰人，足以使人在某一時期或經歷中得到他的必需品。

9．身體和心理都必須再次淨化。例如，清除自私、傲慢、虛榮心和自負。

10．一個人只有在沉痛的時候，才能比平時更密切地接觸「無限智慧」。正是在悲痛的時候，祈禱才是最有效的；這時的祈禱常常能立刻產生積極的結果。

11・悲痛已給世人造就了一些天才；如果沒有悲痛給他們產生了深刻的內省效果，他們是絕不會被世人承認的。

## 2・悲痛的雙重性決定於心態

一個人有特權控制自己的心理，並指揮他達到無論什麼樣的他可能選擇的目的，甚至造物主也不致取消個人的這個特權。別的力量也不能取消這個特權，除非得到了個人的同意。

悲痛像失敗一樣，可以是幸事，也可以是災禍，這決定於人對它的反應。如果一個人把悲痛當作一種必要的訓練性的力量，並不憎恨它，它就能成為巨大的幸事。如果一個人憎恨它，看不到可以從它得到的利益，那麼，它就會成為災禍。對這兩種反應的選擇完全由個人的心態來決定。

林肯在失去他曾經真正熱愛過的唯一女子安・拉特利奇的悲痛之餘，向世人揭示了他的偉大心靈，在人們最迫切需要的時候，把他獻給了美國，成為美國偉大的領袖。

沒有得到回報的愛情會給人造成挫折，這往往會使一個人走到人生的轉折點，在這一點上出現了悲痛，這種悲痛可以充當嚮導，使人達到巨大的成就，或者成了障礙，使人完全毀滅；這兩種情況都決定於一個人對待悲痛的方式。

一個人如能把悲痛轉變為建設性的行動或個人的改革，悲痛就能變成巨大的為善力量。事實上，當所有東西醫治酒精中毒均無效時，可以用悲痛來醫治。人們認為悲痛是治療大多數過失的一種藥劑。有的人說：「悲痛若無成，魔鬼來上任。」

人們在悲痛時就拋棄了一切虛假的標記，顯露本來真相；因為人在悲痛時能夠公開坦白謙遜和自豪兩方面的情況。人沒有悲痛情緒就會像最野蠻的老虎一樣的兇猛，而且一定比虎更加危險，因為人有智慧。

造物主把人提高到最高的智慧水平時，明智地用悲痛的能力純化那種智慧，確保人能適度地應用他的優越性。有殘忍癖者和為首的罪犯通常都是有大智的人，卻缺乏悲痛的能力。

一個沒有悲痛能力的人，就是最接近肉體形式的魔鬼。

當你覺得你的悲痛超越了你的承受能力時，請記住：你是處在人生的十字路口，那兒有四個方向供你選擇，其中只有一個方向可以領你到平靜的心情；而從來沒有感覺到悲痛的人，便從來沒有真正生活過，因為悲痛是到達一個人心靈通路的萬能鑰匙，而心靈是進入「無限智慧」的港口。

## 3．化悲痛為建設性行動

在我體驗了得不到對等報酬的愛的悲痛後，我想我必須找到一種方式化這種經歷為建設性行動，給自己一項工作任務，使我沒有悔恨的時間，以便化悲痛為建設性行動。

由於「命運之手」的奇妙推動，我被引導到南卡羅來納州的一個小鎮克林頓，我就定居下來克服我的悲痛，改寫《成功學》——這件工作需要一年多的時間。在我住的套房牆上有一幅油畫，畫著一座幽美的森林，一條大河流經森林，在改變河道的一個急轉彎處，這條河就漸漸消失不見了。一夜又一夜，我坐在那幅油畫前面，等待著，注視著「希望之船」繞過彎道駛來。但這船並沒有來；日復一日，我把自我禁錮在巨大的煩惱中。

一年之後的一天晚上，我正在穿衣服準備去參加一次宴會時，我不經意地瞥見了那幅畫——一隻船繞過彎道駛來的完美畫作。

我的『希望之船』終於來了！我叫道。

那天晚上，我清楚知道為什麼我會被引導到這個小鎮來暫住，因為在我的面前，就坐著我未來的妻子——她就是我一直到處尋找的人，但我卻不知道她就住在我的隔壁。

所以，由於我的最大悲痛，永恆的補償律就給了我在我的財富中最大的財富——一位妻子，她在各方面都完全適合與我攜手度過人生的後半期，共同工作，完成一種事業，通過這種事業，我能化悲痛為一種哲理，而這種哲理將有益於數以百萬計的人。

如果我沒有學會把令人不愉快的境遇轉化為建設性行動的藝術，這種報酬就絕不會到來，成功學的哲理就絕不會被我組織起來。

當你又坐在牙科醫生的椅子上時，請你記住「轉化」這個詞彙，同時使你的心理極其忙碌於思考某種建設性的事，以致你沒有時間去感覺身體的疼痛。

當悲痛襲擊你的時候，你也可依此把你的思緒集中於去思考達到某一個尚未達到的目的的方法和方式；以致你沒有時間去自憐。如果你能這樣做，你就會發現一筆隱藏的資產，這是你過去所不知道的，且你將發現你是你自己的主人！

我知道悲痛有一些效果，因為我是誕生於悲痛的海洋之中。我所誕生的家庭只有一間位於群山中的木屋，全部財產只是一匹馬，一頭牛，一張床和一個烤玉米餅的烤爐。從理論上說來，我似乎沒有一點機遇可以使我成為一位幸福的人，更沒有機遇為世界各地的朋友服務。我的雙親很貧窮，又不識字。我的鄰居也一樣。我在誕生時所繼承的唯一有價值的資產，就是健康的身體和健康的血液。

哲學家告訴我們：「上帝用神祕的方法創造祂的奇蹟。」

由於童年所遭受的許多悲痛，使我產生了一種熱烈的願望：減輕別人的悲痛。

如果我能重新再過一次人生，我會去避免青年時代的那些悲痛嗎？不，我一定不會的，因為正是那些經歷鍛鍊了我的身體和心理，純化了我的心靈，使我能從事我一生的工作，這件工作使別人得到了利益，使他們在「人生的黑森林」中找到他們的出路。

## 4．悲痛不是自憐的藉口

人人都要試著學會適當地評估自己的悲痛，因為悲痛是自然的更必要的方法之一，自然用這種方法把人和他的獸性區分出來。

一切低於人的發展水平的動物絕不會感覺到有利的悲痛情緒。

試著把悲痛視為良好教養的來源，而不要把它看作自憐的手段！

當不幸襲來時，悲痛便是用以構成一個美好社會或家庭境況的偉大普遍標準。我知道悲痛會把疏遠了的夫妻又團結在一起，而他們是不會屈從於其他勢力的；我見過悲痛清除了已存在達幾代之久的山一般的宿仇。

悲痛情緒，像愛的情緒一樣，能把那些經歷到悲痛的人的心靈純化，並能給他們勇氣和信心，去迎接在紛擾和混亂的世界中進行鬥爭的考驗和磨難，如果他們總是把悲痛作為一種利益，而不是作為一種災難來接受。而憎恨悲痛會引起胃潰瘍、高血壓和對別人的不友善。

每種悲痛都帶有等量歡樂的種子！你該去尋找那個種子，使它發芽、成長，收穫歡樂的利益。你能做到這一點時，你將不再允許那些微不足道的瑣事，例如牙科或外科手術，即使是大手術，來困擾你。

當你碰到悲痛時，你不要溺愛自己，而要四處尋找一個比你更悲痛的人，你一旦找到了這樣的人，就幫助他或她征服悲痛。那麼你自己的悲痛就可能已經轉化成了治療你身心創傷或其他各種不愉快經歷的藥劑。

**★策略提要**

1．悲痛能產生十種以上的積極作用。

2．悲痛像失敗一樣，可以是幸事，也可以是災禍，這決定於人對它的反應。一個人如能把悲痛，變為建設性的行動或個人的改革，悲痛就能變成巨大的為善力量。

3．排遣悲痛能鼓舞人們向世人提供有用的服務。

4．試著把悲痛視為良好教養的來源，不把它看作自憐的手段！

5．不要憎恨悲痛，每種悲痛都帶有等量歡樂的種子！你該去尋找那個種子，使它發芽成長，收穫歡樂的利益。那麼，你的悲痛就可轉化成治療你身心創傷的藥劑。

# Part 10

# 建立新習慣，達到新目標

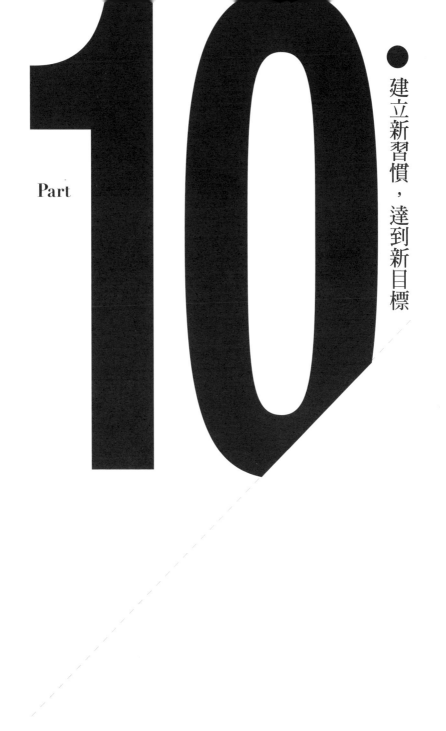

## 1．你有決定自己習慣的特權

自然規律的固定性是一個奇蹟，這個奇蹟永遠保衛著一切自然的計劃和目的，確保宇宙的全面計劃得以貫徹，無需來自人類的可能干涉。

「宇宙慣力」規律是一切其他自然規律的審計員，也是一種力量，這種力量能使較人類低等的每種生物一切習慣獲得固定性；也能使能量和物質、恆星和行星之間的距離和關係獲得固定性。

只有人類獲得了一種用以把自己的好習價或壞習慣，固定下來的特權和方法。除人類外的共他生物的習慣是由「本能」固定的；它們的本能模式，就是其活動的最大局限範圍。

人有特權培養和戒除自己的習慣，你如已經十分確定地掌握了這種特權，你就可以不受任何傳統局限性的束縛。不像其他的生物那樣。因為「無論人的心理能設想和相信什麼，他的心理就能獲得什麼」；因為人有力量打破由「宇宙慣力」規律緊緊束縛他的一切習慣，而代之以他自己所選擇的習慣。

一旦一個人選定了一個奮鬥目標，制訂了一些計劃來達到這個目標，

「宇宙慣力」便要把與那個目標有關的一切習慣固定下來，從而這些習慣就會自動地引導他向達到這個目標的方向前進。然而，人還能任意打破那些習慣，改變他的計劃和目標，建立一整套新習慣，達到新目標。

這種選擇和控制習慣的力量，能給人一種特權，用以任意吸取「無限智慧」的力量，以便達到他的目標和目的。

人類一步一步應用自我建立的思想習慣，走到按鈕時代。當不再需要應用體力勞動時，人將更有時間去發現和應用他的腦力；在發現腦力的過程中，他可以做到所有耶穌要求他做的事——「比我所做過的更大得多的事」。

恆星和行星以及構成這些星體的星雲狀物質，由於受自然固定習慣的支配，是互相關聯的；它們通過「宇宙慣力」而運行不息。日日夜夜，一年四季，平衡規律以及除人以外的每種生物，都要受不可動搖的習慣的約束；人們根據這種習慣，可以很準確地預言在很長時期以後以及遠在事件發生之前很久，它們可能的運行和行動情況。

## 2．你有無限的潛力

人單獨地獲得了確定自己命運的特權，同時有權使他的命運令人愉快或令人可厭，成功或失敗，幸福或悲慘，富裕或貧窮；人的成就永遠是不可預料的，因為人有無限潛力。

如果人除這個特權還有兩種特權，那麼他就和造物主處於同樣的地位了，這兩種特權是：

一、按自己的選擇誕生到這個世界的特權。

二、按自己的願望想活多久就活多久的特權。

人對於除上列兩種情況以外的一切其他事物幾乎都能有潛在的控制力；但是，人發現他很難利用這種潛在的控制力，或者很難利用這種控制力來提高自己，並進而使得這個世界變得更好。

大體說來，人類原先處在與對他不友好力量的激烈鬥爭中，因此他們可能只求一席安身之地，一點果腹食物和足以蔽體的衣服就滿足了。

過了很久，一旦一個人步出了人類的漫長行列，就能佔有他自己的心理，認識到他的力量，並能充分利用這種力量。於是，我們這個世界就產生了愛迪生，或者福特，或者盧瑟・伯班克，或者亞歷山大・貝爾——他們都是排除了自我設限的人，因為他們已經學習了「無論心理能設想和相信什麼正確的東西，心理就能實現它」的真理。

他們是天才嗎？是的，因為天才只是一個自我發現的人！

如果你能了解你自己——你的「另個自我」，它不承認限制，你就會成為「你命運的主人，你心靈的主宰」，寧靜的心情就會像你餓了時要吃飯一樣自然而然地到來。

## 3．充分利用你擁有的人生條件

人的主要弱點不是未能佔有財富，而是未能充分利用他擁有的人生條件。每一代活著的不到百分之一的人接過上一代文明的火炬，再為一代的利益傳下去。那些發現了並充分利用了他們自己心理的人，保存並發展了文明。一般企業的情況也是這樣：與這種商業有關的相當小的百分比的人才負責進行很成功的活動。其他的人只在身體上而不在心理上和精神上進行業務活動，並且他們往往從企業中所取的比對企業所貢獻的更多。

## 4．百折不回，萬難不停

自然絕不猶豫，絕不拖延；絕不改變它的計劃，在這一方面，自然為人們樹立了可以遵循的榜樣。

在我接觸到幫助我組織「成功學」的那些成功的人們時，我發現那些成功者在進行活動時，均懷有確定的目的；當遇到困難時，也絕不動搖，絕不遲緩或停頓下來。他們知道他們需要什麼，能制定計劃，並且能徹底執行，直到他們獲得了成功的報酬。

愛迪生是在克服了一萬多次失敗後才發現白熾燈的，我想，這是多麼昂貴的代價和驚人的毅力呀！而正是那一萬多次失敗的有訓練的努力使他成了最偉大的發明家之一。

因此，失敗只有使我更加決心進行下去，並告訴自己：不要停止，百折不回，萬難不辭，直到成功方休。

許多人在獲得成功之前，在戰鬥時期，總要經受身心痛苦的傷害，但只要我們經歷過一次這種傷害，我們就會完全羞於承認像牙科或其他手術所造成的恐懼。

## ★策略提要

1．只有人獲得了一種用以把自己的好習慣或壞習慣固定下來的特權和方法。

2．人的成就永遠是不可預料的，因為人有無限潛力。

3．無論心理能設想和相信什麼正確的東西，心理就能實現它。

4．如果你能了解你自己——你的「另個自我」；它不承認限制，你就會成為「你命運的主人，你心靈的主宰」，寧靜的心情就會像你餓了時要吃飯一樣自然而然地到來。

5．人的主要弱點不是未能佔有財富，而是未能充分利用他擁有的人生條件。

6．自然絕不猶豫，絕不拖延，絕不改變它的計劃。成功者一定會遵循這個道理。

7．成功者知道他們需要什麼，他們能制訂計劃，執行計劃；當事情進行很困難時，也絕不動搖，絕不遲緩或停頓下來。

8．當失敗來襲時，要不斷告訴自己：不要停止，百折不回，萬難不辭，直到成功方休。

# Part 11

# 善用宇宙平衡律

## 1．以「平衡律」致勝

自然用宇宙平衡方法，保持存在於宇宙中的萬事萬物，讓它們處於完美的平衡中。

這些事物包括：一、時間。二、空間。三、能量。四、物質。五、智慧。

自然使得這個規律具有強制性，然後通過這個自動規律的作用，迫使每個人都要嘗嘗人生經歷的甘苦；但自然已明智而聰敏地注入這個規律一種補償的力量，幫助個人按照自己的需要和願望，平衡甘苦。這個規定是必要的，因為人應該無可懷疑地能控制他的心理，並有特權指揮他的心理去達到甘苦或苦的目的。

補償方式是巨大的「宇宙平衡律」的一部分，通過補償方式的作用，每種逆境、每種挫折、每種失敗、每種失望、每種任何性質或原因的人類挫敗以及這種境遇本身，都隨之帶有等量利益的種子。這個事實無論怎樣強調也不為過；因此，這裡再重述一遍是十分必要的。

每個人按照這種補償方式的規定，都有權和力量在可能襲擊他的每種不稱心的或令人不愉快的經歷中，不論這種經歷是他自己造成的或者不是他所能控制的，去尋找那種等量利益的種子，使這個種子發芽，開花，然後結成想望的碩果，這碩果便能補償他所遭遇到的產生這粒種子的逆境。

## 2．你能做人生境遇的主人

影響人們生活的境遇有兩種——

一、有些境遇不是起源於人做了某事或未做某事的結果。因此，不受個人的控制。這樣的境遇有：親愛者的逝去，先天性的殘障或者誕生於苦難環境。

二、有些境遇是個人有特權加以控制的，並且有力量執行那個特權。例如：恐懼、貪婪、嫉妒、虛榮、自我主義、貪慾、仇恨、妒忌、疾病、貧窮，與親戚、鄰居、同事爭吵，在政治、宗教和個人觀點上與別人對抗。歸根到底，它實際上包括每種人際關係，每種能影響個人生活的境遇。每個人有方法控制這種境遇，儘管事實上他可能很少執行這種控制。

第一種境遇不受個人的控制，但是人們僅僅執行自然提供的偉大特權，就能排除這種境遇對個人寧靜心情的影響；因此，每個人都有權建立和控制自己的心態，指揮他的思想力量去達到他所願望的目的，包括絕對控制他對一切人生經歷的反應。換句話說：個人雖不能控制這些境遇，卻能消除它對個人心態的影響。

所用的方式很簡單——把它當作猶如它並不存在一樣。有人可能抱怨說這是一件困難的工作。是的，這是一件困難的工作；但是我們將提供一種把這件工作變得容易些的方法。

第二種境遇受個人的控制，個人絕對能徹底把它消除的。

## 3．根據「平衡律」獲勝有妙方

「宇宙平衡律」不僅可以擴展到人類的一切問題和相互關係，而且可以擴展到所有的植物上。例如，一棵樹的根與樹幹及樹枝的成比例的生長，深入土中的適當深度——這是沒有人能複製的一種工程和平衡系統。

「宇宙平衡律」也能擴展到一切非生物，向下直到最小的物質單位——原子的電子和質子，它們由兩種相等單位的力保持著完全的平衡——一個正單位和一個負單位——通過一種激戰，達到平衡：一個向僵持點拖，一個向僵持點推，這一點就造成了平衡。在我們已經探索過的那一部分宇宙中，我們發現了：在全部恆星、行星和尚未形成恆星和行星的星雲之間，有一個完整的平衡系統。如果「平衡律」並不存在，恆星和行星的碰撞便會產生不斷的混亂；一年四季，白天黑夜也就失去規律，它們的習慣就會變得難於逆料。

我們大多數人可能對於恆星和行星的平衡並不感到濃厚的興趣；但是，我們大家確實對於某些方法感到極大興趣，應用這些方法我們可以充分利用偉大的「宇宙平衡律」，調整能影響我們的人生境遇，以便對我們有利。

從這個偉大規律獲得利益的妙方就是——

一、應用我們的思想力量，使我們自己有利地適應所有能影響我們生活而又不是我們所能控制的境遇。

二、應用我們的思想力量，以對我們有利的方式，把我們自己與我們所能夠控制的境遇聯繫起來，求得兩者平衡。

對「平衡律」的簡單分析使我們受到了激勵和鼓舞，因為我們觀察到，這個規律保持著全宇宙中除人以外萬事萬物符合自然建立的方式和計劃，而人是唯一的具有背離平衡律以及其他自然規律的不良影響力量的生物。如果人喜歡這樣做，並且願意為這種背離付出代價。

如果你正在尋求所有成功者經由努力贏得成功的最大祕密，平衡律便是很關鍵的一個，你可以在這一點上進行沉思、默想和思考，並根據宇宙平衡律，適當安排、計劃你的人生，使其處於完整的平衡狀態，形成嚴密的、合理的平衡結構。

原來，從宇宙萬物到人生的一切都是一個平衡結構，成功者和失敗者的不同，就在於他們的人生結構不同，也就是說他們的思想、品德、素質、習慣、學習、工作、生活、健康、能力、技術、經濟、環境等方面不同。你要成功，就必須使你人生的主要方面得到平衡發展，當然平衡不是平均，而是要求盡可能照顧到各個主要方面的發展。

天下沒有不勞而獲的事，要收穫就要播種，要成功就要付代價，平常所說的休戚相關、榮辱與共、否極泰來、勞逸結合、有來有往等都是指人生結構的平衡。

怎樣應用平衡律，調整人生，獲得成就呢？

一、使你的人生各個主要方面，如思想、品德、素質、性格、健康、學習、工作、事業、人際關係、物質條件等，都能得到平衡發展，不是偏頗失衡。

二、平衡的使用成功學的原則、條件、方法，把較多的原則結合起來，加以靈活運用，切忌顧此失彼。在實際應用上，可以一方面把主要的成功原則、方法，寫在紙上，貼在顯眼的地方，供你天天作為座右銘。另一方面則可結合你的實際要求，把它們製成表格，一月一張，供你逐日填寫，力求達到要求。

## ★策略提要

1．人應該無可懷疑地能控制他的心理，並有特權指揮他的心理去達到甘或苦的目的。

2．每種逆境、每種挫折、每種失敗、每種失望、每種任何性質或原因的人類挫敗以及這種逆境本身，都隨之帶有等量利益的種子。

3．在全部恆星、行星和尚未形成恆星和行星的星雲之間，有一個完整的平衡系統。

4．應用平衡律獲勝有妙方：

(1)應用我們的思想力量使我們自己有利的適應所有能影響我們生活，而又不是我們所能控制的境遇。

(2)應用我們的思想力量，以對我們有利的方式，把我們自己與我們所能夠控制的境遇聯繫起來，求得兩者平衡。

5．根據宇宙平衡律，適當安排、計劃你的各方面，使其處於完整的平衡狀態，形成嚴密的、合理的平衡結構。

6．你要成功，就必須使你人生的主要方面得到平衡發展。

# Part 12

# 珍惜我們最寶貴的時間財富

## 1．時間的多種功能

「時間」是人類疾病最偉大的醫生。

「時間」是身體和心理創傷最好的醫者。

「時間」能把缺乏理性的青春變為成熟和智慧！

「時間」能把心靈的創傷和我們日常生活的挫折轉變為勇氣、忍耐和了解。

「時間」能給急性子的人一個機會冷靜下來，變得有理性。

「時間」能幫助我們用嘗試錯誤法，發現偉大的自然規律，並從中獲得利益。

「時間」是我們最寶貴的財富，因為我們確信在任何一定的日期和地點，我們都不能多有一秒鐘。

「時間」是寬恕的動因，通過時間我們可以悔改我們的罪過，由此獲得有用的知識。

「時間」能嘉惠於那些正確解釋自然規律的人，使他們適應正確的生活；但是，「時間」會對那些無知或忽視自然規律的人施以嚴重的懲罰。

「時間」嚴正地執行「宇宙慣力」規律，而「宇宙慣力」規律是生物和非生物一切習慣的固定者。

「時間」是補償律高明的執行者；每個人通過執行補償律，收穫他所播種的東西。（積極地執行補償律叫做增加回報律，消極地執行補償律叫做減少回報律。）

「時間」並非總是能迅速地執行補償律，但它確實能按照哲學家所了解的固定習慣和方式，確切地執行；哲學家能按這種習慣和方式，考察能夠產生事件的原因，預言即將來臨的事件的性質。

「時間」是偉大改革律的執行者；改革律能使一切事物和一切人處於不斷的變化中，不允許萬事萬物在連續的兩分鐘內處於同樣狀態。藉此，當我們逐漸長大，我們就會改正我們的錯誤，消除我們虛假的恐懼和脆弱的習慣，把無知換為智慧和寧靜的心情。

## 2．時間會用更好的機遇來救援你

如果你是在自己所選擇的工作中失敗了，你諒必注意到了「時間」或許會用更好的機遇來救援你；你會高興地覺得你已從你的道路上繞過一個彎道，走上了一條更平穩、更寬廣的機遇大道。

下一次，若你發現你自己浪費了一秒鐘，就把下定決心要做的事寫下來，記在心中，並且立刻開始貫徹它，這可是珍惜時間的絕招！

## 3．珍惜時間的絕招

1．時間是我最大的資產，我要根據預算制度處理我的時間，把沒有用於睡眠的每一秒鐘都用於自我改進上。

2．我將把我由於疏忽而浪費的任何一秒鐘視為我的一種罪過，為此，我必須更加善用時間，來奪回所失去的等量時間。

3．由於我只能收穫我所播種的東西，因此我將僅僅播種服務的種子，因為它可以按照偉大的補償律，既有利於別人，也有利於我自己。

4．當我利用時間時一定要使我每天都能獲得一定的寧靜心情；在缺少這種心情時，我就需要再檢查我已播下的種子——我所做的工作內容是什麼？

5．我的思想習慣因時間的流逝，將成為吸引、影響我一切人生境遇的模式；所以我要保持我的心理忙碌於有關我所喜歡的境遇，以致我沒有時間用於恐懼、挫折以及我所不喜歡的東西。

6．分配給我在人世間的時間充其量也是不明確而又有限的，所以我要盡可能用各種方法利用我的這一份時間，以便那些最接近我的人能由於我的影響而受益，並能受到我的鼓舞而盡可能最充分地利用他們的時間。

7．最後，當分配給我的時間快要用完時，希望我可以在世上留一塊我的紀念碑——不是刻在石頭上的，而是留在我同胞心中的紀念碑，寫著：由於我走過了這段路，這個世界已變得較好了一點。

8．我在分配給我的餘下時間內，每天都要重複上述許諾，並用信心來支持它，我相信它能改進我的品格，鼓舞受到我影響的人，同樣提高他們的人生價值。

## 4．充分利用時間，追求自我改進

時鐘的指針正在迅速地向前移動！

我們大聲疾呼：「啊，時間！在你迅速的飛奔中，請你向後飛，向後轉！」但是，時間何曾傾聽我們的呼聲。

在還沒有用完的未來中，當你還有足夠的時間成為你過去早就想成為的那種人時，請喚醒和佔有你自己的心理。

有一個很簡單的測驗可以用來判斷是否你已經充分地利用了你的時間。如果你已經獲得了寧靜心情和足供你需要的物質財富，你的「時間」便用得很適當。如果你沒有獲得這些幸事，你的「時間」便是用得不適當，那麼就應當尋找你所缺少的境遇。

真正偉大的人並沒有「空閒時間」這樣的情形。因為他們的心理能永遠連接著建設性的思想模式。他們像這樣充分利用了他們的「時間」時，就發展了機敏的第六感，通過第六感，他們便能從內在進行觀察的活動。

如果消極的思想誤入這種真正偉大的人的腦海中，他們就立即把消極思想轉變為積極思想，並且用適合於積極思想性質的積極身體動作執行積極思想。

每個人都站起來做出有價值貢獻的時候已經到來了！

二十世紀後半葉比過去整個人類生存時期，將給個人提供更多的自我改進機遇。

## ★策略提要

1.「時間」是人類疾病最偉大的醫生。

2.「時間」是身體和心理創傷最好的醫者，它能把一切原因轉變為恰如其分的結果。

3.「時間」能把心靈的創傷和我們日常生活的挫折轉變為勇氣、忍耐和了解。

4.「時間」是我們最寶貴的財富。

5.「時間」能嘉惠於那些正確解釋自然規律的人，使他們適應正確的生活習慣。

6.「時間」使一切處於不斷的變化中。

7.「時間」會使你走出困境，繞過一個彎道，走上了一條更平穩、更寬廣的機遇大道。

8.珍惜時間的絕招——

(1)根據預算制度把一分一秒鐘都用於自我改進。

(2)更加善用時間，奪回所失去的等量時間。

(3) 播種服務的種子，既利人也利己。

(4) 利用時間時要獲得寧靜心情。

(5) 保持心理忙於所喜歡的境遇。

(6) 影響別人也能充分利用時間。

(7) 利用時間使世界變得更好。。

(8) 每天重複以上諾言，並鼓舞別人提高人生價值。

9．真正偉大的人並沒有「空閒時間」，因為他們的心理能永遠連接著建設性的思想模式。

# Part 13

# 調整生活方式

## 1．調整生活方式，把握機遇

各地已建好了舞台，修好了道路，供你充分而完全地佔有你自己的心理，指揮它達到你所喜歡的任何正當目的。

現在豐富的人生條件是過去任何時候都不能相比的。

正確的生活方式是流血流汗後才誕生的，是經歷苦難和戰鬥而成熟的，這種戰鬥觸及到每個人的生活，在每個細節上都是為了發揮人們的心理力量。

處處都充滿了機遇，人人都能選擇自己的人生目標，並運用自己的心理，達到人生目標。

有個未受過教育，名叫吉阿尼拉的人，是推著一輛載香蕉的車子開展他的事業的，他的努力達到登峰造極時，擁有了世界最大的銀行系統——美國銀行。

一個沒念過書的窮機工——亨利・福特創造了汽車工業，給千千萬萬人提供了工作。

在經濟發達的國家，由於人們的努力，連最卑微的勞動者也能比幾代前的國王和統治者享受到更多的生活便利設施。

而在你所選擇的任何正當的職業中，社會都給你提供了巨大的機遇。這種機遇只有當你能認識它，適當地利用它，並且保護它時，才是屬於你所擁有的。

我們在這種情況下，還應當提醒自己——自然極其冷漠地看待「不勞而獲」這個觀念。

## 2．如何調整生活方式？

世界在不斷地演進，新的人生條件在數量和質量上都在日益增多，新舊條件迅速更新，這就要求爭取成功的個人要適應新情況，調整新的生活方式。

在方法上，調整生活方式可以應用成功學的原則、方法，以積極的心態，改革的精神，調整思想習慣、行為習慣、人生目標、生活方式、人際關係、工作方式、學習方式，改善性格、興趣、愛好，用新的方式方法，擴大自己的生活領域，達到自我完善，尋找機遇，把握機遇，利用機遇；當沒有機遇時，也可創造機遇，實現自己的目的。

經常調整生活方式，善於隨著主觀條件和客觀條件的變化，而迅速地靈活地調整生活方式，這是在人生征途上取勝的一個奇訣。

## ★策略提要

1．調整生活方式是任何時候的偉人人生奇訣之一。
2．現在豐富的人生條件是過去任何時候都不能相比的。
3．正確的生活方式是為了發揮人們的心理力量。
4．處處都充滿了機遇。
5．你必須認識、利用、保護你的機遇，它才是屬於你的。

# Part 14

# 開發無限的心理力量

## 1．成功和失敗都是應用心理的結果

心理是一種工具，人們運用心理，才能把他自己與能影響他人生的一切事物以及境遇聯繫起來。

毫無疑問，人的心理是自然生產的最神祕、最令人敬畏的產品，同時又是人得自大自然的天賦才能中被理解得最少、被濫用得最多的一種。

人的心理是心靈的城堡，那兒藏著有意識心理和下意識心理——有意識心理和「無限智慧」之間的連接環。心理可以比作交換機，人通過這部交換機可以收聽到偉大的宇宙「無限智慧」，和它直接相通，並由此取得他所有問題的答案，實現他的一切希望、夢想和抱負。

一切東西中最奧妙的是心理，造物主使人有權完全控制心理；心理是造物主給人的一切天賦才能中最重要的一種；心理是人用以控制自己命運主要部分的方式。

人的一切成功和一切失敗、挫折都是他應用心理或者忽略應用心理的直接結果。

## 2．善於開發心理的九種功能

心理的功能可分為九種，有點像組織完善的公司。有些功能是自動發生的，不受個人的指揮；有些功能在一切時候都是在個人的控制之下。

以下是心理的九種功能——

1．意志官能。

「意志」是心理所有功能的「領導者」。是個人開始執行他獨佔控制思想的巨大特權的起點。「意志」官能是人的「是」和「不是」的整個心理。它執行個人的命令，不管命令的性質或者命令對個人可能產生的影響。「意志」力的強弱與它的應用恰好成正比。怠惰的意志像怠惰的手臂一樣，會變得柔弱。

2．理智官能。

「理智」官能是心理的「首席審判員」。它受到指揮或允許時，它就會把判斷傳給一切觀念、目標、願望、目的以及個人使它注意到的境遇；但是它的決定能被意志擱置一邊；如果「意志」缺乏自信時，它的決定就會被情緒的影響所抵銷。一切思考的主要弱點之一就是個人傾向於讓他的情緒把他的意志擱置一邊。這可能是，而且常常是悲劇性的；因為，情緒與邏輯或理智無關；因此，由情緒所產生的一切行動應當受到「意志」的仔細注意。

3．情緒官能。

這是一切主要的心理活動開始的地方。人們在這兒做出與「情緒」相協調的決定，從事沒有被理智和意志官能所預見到的活動。這樣的決定常常比正確的決定更不正確。

最普通的輕率應用情緒起源於愛的情緒，是由於沒有受到理智官能和意志官能的適當注意。「愛」的情緒含有幾分最高級的精神素質；但是，它可以是，也常常是，一切情緒中最危險的情緒；因為人們通常不願意使愛的情緒屈從於理智官能和意志官能的修正影響。

人們在思考的過程中，如能應用心理的所有功能，便是正確的思想家，而正確的思想家絕不讓愛的情緒表現出來，直到愛的情緒所表現的行動受到理智官能和意志官能的仔細檢查。而且，正確的思想家能把他全部最深切的願望、計劃、目的服從於他的理智官能和意志官能，以便確信他的急切和熱情並不違背他的智慧；他的愛的情緒總是處在不斷的懷疑情況下，以便它不致擺脫他的控制。

4．想像官能。

這個官能是人的心靈建築師，人通過想像官能可以塑造適合他的命運模式，並可以常常隨意改變和修正那個模式。

人借助想像，可以用閃電的速度，深入無限的星際空間；征服天地；僅僅用新的方式，把舊的觀念和概念聯結起來，使能創造一百萬個對自己有利的觀念和概念。

人通過想像可以把幻想與現實聯結起來，再把這些形成活的工業，從而改變整個文明的趨勢。由理智官能和意志官能所指引的「想像」，有可能完成任何事物；但是，不受約束的「想像」對個人的生命能造成一種浩劫；據說：當愛的情緒和想像結合在一起，進行一種任性而無節制的狂熱行為時，個人就絕不能從愛的情緒和想像所鑄成的損失中恢復過來。

「想像」是最難解決的通稱為「疑病症」的身體疾病的發源地，疑病症已被證明為醫師的一個主要問題。

「想像」也可能是醫治疑病症的藥方；許多可信賴的權威宣稱：「想

像」對身體能發生十分強有力的影響，它能激活身體的抵抗機制，使這種機制能消除多種真正的身體疾病。

「想像」是一種巨大的機構，實際上具有無限的潛力；但是，「想像」也是十分靠不住的機構，需要理智官能和意志官能予以不斷的監督。

5．良心官能。

這個心理功能能給予個人道德指導。如果你允許「良心」發揮功能，不加干擾，「良心」就能仔細處理你的一切目標和目的；當你的目標和目的與自然的道德法則不相協調時，「良心」就會警告你。如果你未能記取「良心」的警告，這種警告就會停止，而「良心」終於會全然停止它原來的工作。

如果「良心」能完全支持你的全部願望、目標、目的，你就能獲得必要的「信心」，幫助你完成你可以放在你的心和心理上的任何物事。

6．五種身體官能——視覺、聽覺、嗅覺、味覺和觸覺。

是頭腦的有形「臂膀」，頭腦通過這種臂膀接觸外部世界，獲得信息。五種官能並非總是可靠的；所以它們需要理智官能和意志官能不斷的監督。

在任何種類的高度情緒活動下，例如在突然的恐怖事件或暴怒中，五種官能就變得混亂和極不可靠。沒有人會允許在恐懼和憤怒的影響下做出的任何決定能成立，直到理智和意志官能徹底檢查了這種決定為止。

7．記憶官能。

心理的這個功能是頭腦的「儲存庫」，在那裡儲存著一切思想衝動，一切自覺的經歷以及通過五種身體官能到達頭腦的一切感覺。「記憶」也是很不可靠的，這是大多數人都能證明的。因此，記憶需要理智和意志的監督和訓練。「記憶」不可靠性的主要原因在於「儲存職員」——監督「記憶」行動的人——不能建立一個確定的工作制度。

實用記憶訓練課程，能使記憶具有合理的可靠性。記憶的可靠性完全是「儲存職員」的訓練、監督和教育的問題，而「儲存職員」負責發揮這個重要心理官能的作用。

8．第六感官能。

這是心理的廣播和接收台，一個人可以通過這個電台發送和接收思想的振動波，也許還可以發送和接收地球之外的其他更高得多的振動波。這是聯繫個人和「看不見的嚮導」的手段，而「看不見的嚮導」可以用來為個人服務。

第六感是一種手段，使用這種手段和傳心術原則，受適當限制的心理可以聯繫在任何距離上的其他心理。

9．下意識官能。

這是「交換機」，有意識心理可以通過它直接聯繫「無限智慧」。下意識心理能對到達它的任何觀念、計劃、或目的起作用，而它無意區分積極和消極、正確和錯誤影響之間的差別。但是，它對於用恐懼、憤怒、信念、信心等情緒高度情感化了的影響，能更快、更有效地做出反應。

下意識心理理應服從有意識心理的影響，但卻常常頑固地以恐懼、限制和虛假信條對下意識心理緊閉大門。

當個人熟睡了時，不停地運轉著的機器便把個人所喜歡的命令，給予下意識心理。命令或指示被記錄在唱片上，這部機器便每十五分鐘把唱片放音一次，直到個人醒了，並關掉機器為止。

## 3．調節心理的訣竅

我們要強調：一切思想，不論它是消極的或積極的，正確的或不正確的，都傾向於用它的物質等價物來表達它自身；思想著手這樣做時是用觀念、計劃、目的鼓舞個人以自然方式和邏輯方式，達到所願望的目的。任何問題的思想一旦重複若干次，就能變成一種習慣；然後下意識心理就會接收它，自動對它起作用。

「思想就是事物」，這句話可能是不對的；但是，「思想能創造事物」便是正確的；像這樣被創造出來的事物在性質上是驚人地相似於形成這些事物的思想。

許多有能力做出正確判斷的人都相信，一個人所發出的每種思想都能產生一種無止境的振動；發出這種思想的人以後就必須與這種振動進行鬥爭；人類本身不過是思想的物質反映，而這種思想是由「無限智慧」發動的。許多人也相信，人們用以進行思想的能量不過是被發射出來的一部分「無限智慧」。

調節心理必須完全通過下意識心理。你雖不能完全控制你的下意識心理，但是你能自主心影響它對任何願望、計劃或目的起作用，你可能希望把這種願望、計劃或目的轉變成具體形式。

下意識心理絕不會怠惰。如果你忽略用你自己所選擇的願望保持它的忙碌，它就要依靠由你的環境所激發的思想為生，特別依靠那些與你所不想要的恐懼的或不喜歡的事物聯繫在一起的思想為生。

不管你認識到沒有，你每天都生活在各種思想衝動中，這些衝動在你不知道的情況下，便進入了你的下意識心理。這些衝動中有一些是消極的；有些是積極的。

當你掌握了你即將學到的技術，並且學會應用它時，你就會握有打開通向下意識心理大門的鑰匙，並且完全控制那扇門，不讓你所不喜歡的思想和影響通過這扇門。

事實上，有兩扇門通到下意識心理。一扇門向外開，通向你所居住的物質世界，你只能通過這扇門進入那個物質世界。另一扇門通向內部，直接聯繫著巨大的宇宙「無限智慧」庫。

祈禱正是通過這兩扇門而起作用。

一個人的希望、願望和計劃正是通過這兩扇門，才可以經由「確定的目的」和為了實現這個目的的「熾烈願望」被完成。

正是通過這兩扇門，一個人的一切恐懼、懷疑和沮喪被轉化成人生的苦難，如果這個人允許他的有意識心理細想這些不喜歡的情況。下意識心理能自動地接受一個人對下意識心理所發出的每種思想，以及由於一個人忽略處理和拒絕由他的環境所激發的消極思想而到達下意識心理的每種思想，並且能對所接受的思想起作用。

人類最大的自相矛盾的言行之一就是，大多數人的心理多專注於思考一切事物初境遇中他們所不希望的一面——貧窮、失敗、疾病、不幸和身體疼痛。

造物主給每個正常的人提供了完全無與倫比的權利和力量，以便控制和指揮他的心理力量去達到他所選擇的任何目的，而一個人所以會遇到一切令人不喜歡的境遇，都是由於他忽略了佔有心理並指導心理去達到他所願望的目的。

## 4．疑病症，醫生的最怕

疑病症就是想像的身體疾病！可以說這種疾病比人類所知道的一切真實疾病給醫師和牙科醫師增添了更多的麻煩。恐懼疾病以及恐懼身體的疼痛構成了七種基本恐懼之一，人們總是在某個時刻受這種恐懼之苦。

實際上，人們可以僅僅用暗示的方法，使得沒有絲毫真病跡象的人患重病。

進行這個實驗時，我們要用到四個助手，他們暗中分佈在周遭不同的地方。我們選擇一個實驗對象。然後那四個助手都走近這個實驗對象，問他或她幾個問題。

一號「助手」可以問：「你覺得不舒服嗎？你看起來似乎病了。」

二號「助手」可以衝到這位實驗對象面前，用激動的聲音叫道：「喂，我的朋友，你看起來好像就要昏倒！我給你倒杯水來好嗎？」

三號「助手」可以立即出來，對這位實驗對象說：「讓我來幫助你吧。你看起來就像要失去知覺。」於是他轉向那些旁觀的人，可以說：「各位，幫我找個地方，讓這個人躺下。他病了。」

如果這位實驗對象在此時並沒有真正地昏倒，第四個「助手」便要走近他，抓住他的臂膀，叫道：「請幫忙找一位醫師來。這個人需要護理。」這時，這位實驗對象一般會昏倒。

終於，這次實驗的對象（大約三十歲），真的昏倒了，人們必須把他送到醫院治療。醫生們終於使他確信：他成了實驗愚弄的對象。

如果你能使你的下意識心理深信你是病了，它就會立即工作，並使你真的病了，使你的深信得出合邏輯的結論。疑病症往往能產生疾病的實際生理症狀，例如：突然發生皮疹，或腸胃不適，或頭痛，而實際的病因不過是恐懼。

以前俄亥俄州監獄的囚犯，曾對新到監獄的犯人開過殘忍的玩笑。這個玩笑是這樣：一群囚犯會給新來者反覆地指責他違犯了某種監獄規則，然後判他死刑。幾個人把受害者的眼睛蒙住，把他的手反捆到身後，把他的頭放在桶上，把他的身子緊緊地按倒。於是這群人中的一個人問道：「這把刀子是否已經磨利了？」某一個人就說：「在我上次殺了那個人之後，我親自把這把刀磨利了。這把刀就在這兒——現在讓他好好地、狠狠地挨一刀，讓他不能叫喊。」

說了那些話之後，那群人就用一把梳子劃過受害者的頸子，接著就迅速地潑些紅墨水到他的頸子上。然後將受害者鬆綁，並跑開藏匿起來。通常受害者要做的第一件事就是扯去眼睛的蒙眼布、用他的手擦擦他的頸子，當然這會使他相信，他的喉嚨已被切斷了，因為他的手上有「血」。

有一次，一個這樣被戲弄的人受了極為嚴重的驚嚇，他開始亂跑，叫道：「我被人謀殺了！」監獄的衛兵必須捉住他，才能制伏他，然後送他到醫院治療幾天，之後他才從震驚中恢復過來，儘管事實上他能清楚地看到他的喉嚨並未被砍到。

恐懼疾病和恐懼身體疼痛都是天生的恐懼，如果你以最輕微的挑釁行為來刺激有這種恐懼的人，他的恐懼便會表面化，並接受這種挑釁。然而，這種恐懼本身比一個人所恐懼的事要糟得多。

前總統羅斯福曾說：「我們必須恐懼的唯一事物，就是恐懼本身。」

現代牙科技術實際上已排除了來自病人身體的每個部分的一切身體疼痛，只除了來自頭腦的疼痛外，存在於頭腦的恐懼疼痛是一種心態，在病人坐到牙科醫生的手術椅之前很久，他就形成了這種心態。

## 5．如何影響下意識心理？

下意識心理受到三方面的影響——

一、一切外來的因素，以五種身體官能管道，把影響傳達給個人。

二、第六感　第六感能獲得別人發出的思想，再借助傳心術把這種思想傳給個人。

三、個人的思想　既包括以目的、計劃或願望的形式，慎重發給下意識心理的思想；也包括個人沒有特殊的目的或計劃的放縱而任意的思想。

任意的、不小心的消極思想往往佔據大多數人的心理，這樣的思想能產生令人不喜歡的境遇，而傳達給下意識心理，並對它們起作用。下意識心理是不區分消極思想和積極思想照單全收的。

由於下意識心理能把到達它的一切思想——不論對個人是好的還是壞的思想——轉化成它們合邏輯的結論，因此這就清楚地暗示用以使下意識心理為個人做出有用的工作的方式便是給它下達確定的命令，要它為個人達到所願望的東西而工作。

給下意識心理下命令時，應該確實做到——

1．清楚寫下你希望你的下意識心理要對之起作用的事物，並定下一段確切實踐的時間，並在每天就寢之前，不斷複述。

2．當你複述時要相信你的下意識心理會對那些陳述起作用，並且要看到你自己已經擁有了的陳述所要求的東西。並對此表示感激。

3．愉悅而樂觀地向你的下意識心理複述你的陳述，並深信你的要求將被圓滿完成。下意識心理幾乎能立即作用於在任何樂觀心態中表達的思想。

## 6．如何調節心理以適應牙科手術？

現在我們來談一些可以調節你的心理去適應牙科手術的方法：

一、有時預期的手術需要禁食三～七天，在禁食開始前二天，只吃新鮮水果，只喝果汁，同時戒絕吸煙和喝咖啡。在這兩天，你將有些緊張，但是不要為此而沮喪。開始禁食時，只能喝水，每杯加兩三滴檸檬汁，不吃別的食物。盡可能多喝水——每天十二杯以上。

在禁食結束的第一天只吃一碗無脂肪的菜湯，一片全麥麵包。第二天喝二碗菜湯，吃兩片麵包——在午前，一碗在午後。第三天時，你就能吃你所喜歡吃的食物，但不可過量。重要的是，你要逐漸回到你的正常飲食習慣。

禁食的目的就身體說來，是給你的整個物質身體、你的胃、你的消化器官、你的排泄系統、你的血流，一個休假的機會。禁食的目的，就心理說來，是向你自己證明，你是你的胃的主人。一旦你征服了你對食物的慾望，你便不難去征服你對身體疼痛的恐懼。

禁食的第三個目的，就是禁食能調節你的心理易於聯繫你的下意識心理。在你禁食期間，你的下意識心理將對你周圍的一切發生明顯的影響；所以，你要謹防消極的人和消極問題的討論。

二、在你禁食期間，你要進行一種自動暗示的治療；至少每小時重複一次下面的方法：

⑴我完全信任我的牙醫師——他的技術，他的品格和他的牙科手術經驗。

⑵當我的牙科醫生給我做牙科手術時，我便使我的心理與手術分離，而把我的心理保持在我對人生最想望的事物上，那就是……

⑶我希望我的牙科手術能很成功，因為這將給我個人的儀表增輝，增進我的身體健康；我十分喜歡這個手術。

⑷藉由這個經歷，我將獲得關於我心理力量的一些發現，並用這種力量指導我的整個未來，以便從人生中獲得更多的歡樂。

這些方法將使你獲得一種新的生活方式，使你在整個未來經歷以及人際關係中的道路平穩，就像你毫無痛苦地完成你的牙科手術一樣順利。

## 7．禁食的好處

現在讓我們略略談談禁食問題。

禁食是一個極好的方法，它可以使你的下意識心理準備好接收和執行你的命令；我們暫且撇開這個事實不談，這裡只列出個人藉著禁食習慣可以得到的一些好處：

一、禁食的習慣每年至少要進行一至二次，它能加強整個物質身體，幫助身體增強對疾病的抵抗力。

二、禁食能提供你一個改掉吸煙、飲酒和喝咖啡壞習慣的機會。如果在實行禁食之後，又想吸煙或飲酒，你就要再禁食。

三、禁食能使你與你的精神力量關係密切起來，這就是為什麼在禁食期間提供給下意識心理的命令十分有效，而執行得又十分迅速的主要原因。

四、大多數患經神病和憂鬱症的人患有幻想症，如果他們能在醫師的監督下進行禁食，對他們說來是一種很好的治療。

五、禁食能打開通到下意識心理的大門，在禁食期間任何值得想望的方法都可以給予下意識心理。初次禁食的頭二天你可能稍微有點緊張，特別是當你喝了酒或咖啡時。如果你已經控制你對食物的胃口，你就能控制許多其他事情，例如各種貧窮、失敗、挫折和恐懼。

六、當你進行禁食時，一些從記憶中歸來的往事便會浮現眼前，而且是一些童年往事。

以前我經常隔一段時間就感冒一次，大約每二周一次，我把這種情況告訴瑪克法登先生。他說：「為什麼你不進行一次禁食，把那種流行性感冒蟲餓死呢？為什麼你要不斷地餵養它呢？」

於是，他便告訴我關於禁食的方法。我就按照上述的方法，禁食了七天，結果我的流行性感冒便完全消失了。而更重要的是，這大大增強了我對普通傷風以及流行性感冒的免疫力。

此後，我的妻子便和我一道進行禁食，至少一年一次。我們把這種習慣視為一種令人愉快的遊戲，並無不方便或不舒服感。兩個以上的人，用一種令人愉快的心態一起禁食，比一個人單獨完成禁食，可以經歷到更大得多的利益。

為了準備施行牙科或其他手術而禁食時，應當至少在手術開始兩周前結束。同時，在結束禁食之後，要讓醫生徹底檢查你的身體，確信你的血球數目和心臟測試都是令人滿意的。

在此再對禁食提供另一個建議：在禁食期間，不要從事重體力勞動，但可以不中斷地做些輕鬆的家務勞動或辦公室工作；但是，必須避免過度勞累。

論述禁食問題的好書很多，我所能推薦的關於禁食問題的最佳書籍之一就伯納爾・瑪克法登著的《如何禁食》。

瑪克法登先生為了控制疼痛而實施禁食，這使得他坐到牙科醫生的手術椅上拔牙時，不用借助任何種類的麻醉劑。這就說明，心理控制可以征服疼痛。

## 8．信心是力量的象徵

心理的力量是沒有限制的，除了一個人為他自己所建立的或者允許他身外的影響所建立的那些限制。

真的，無論心理能設想和相信什麼，心理就能達到它。

你是否能成功地應用本章所提出的心理調節公式，主要決定於你應用這個公式時所持的心態。如果你相信你將得到令人滿意的結果，你就能得到這種結果。

「信心」是力量的象徵，這種力量在合理的範圍內是沒有限制的，有那些成功者，我們就能發現信心力量的巨大。

馬可尼相信人們能用以太傳播聲音的振動，而不用導線；這種信心使得他在經過許多次失敗後，終於發現了世界第一個無線電通訊的方法。

哥倫布相信他能在大西洋未繪出地圖的地區中找到陸地，於是他不斷地航行，完全不顧水手的反抗，終究發現了陸地。

舒曼．海克夫人相信，她能成為一位偉大的歌劇歌唱家，儘管她的歌唱教師已經勸告她回到她的縫紉機，滿足於當一名縫紉女工，但是「信心」支持她完成宿願。

海倫．凱勒相信她能學會說話，不顧事實上她已失去了應用語言、視覺和聽覺的能力。是她的信心恢復了她的語言，使她成為一位鼓舞一切由於身體的苦惱而企圖在絕望中屈服的人的典範。

亨利．福特特相信他能建造不用馬拉的輕便車子，提供人們迅速的運輸工具，他用「信心」完成的產物遍布全世界，並給他自己創造了巨大的財富。

瑪麗．居里夫人相信地球上有金屬鐳存在，她給她自己尋找鐳的任務，卻不顧事實上沒有人見過鐳，沒有人知道從何處去尋找鐳。是信心終於使她揭示了那種寶貴金屬的來源。

我的兒子布萊爾誕生時沒有耳朵，醫師把他引到這個世界後告訴我：這個孩子將終生是個聾人，但我相信我有力量去影響自然，為他臨時準備一套聽力系統。這樣，我就經由他的下意識心理進行工作，終於我得到了報酬——他恢復了他的自然聽力達65％。

人的心理能征服人們時時遇到的身體疼痛和所有其他令人不愉快的境遇。信心能排除一切處在我們道路上的障礙，取消一切自我強加的限制。

造物主單獨地給了人類不可抗拒的特權；人有權控制和指揮自己的心理去達到他所選擇的任何正當目的。所有其他的生物雖然獲得了生命，卻要受「本能」束縛，它們不能改變本能，沒有本能，它們就不能活動。這個有區別性的特權說明，它是人類控制自己命運的關鍵。

我們知道，人們忽略或未能利用這個特權，就會招致必然的處罰，如：苦難、貧窮、失敗、挫折、疾病、失望以及其他消極心態。

因此，一個人真正可以用心理力量佔有自己的心理，指揮心理成功地達到所選擇的任何正當目的。

造物主除了給人提供了奧妙的天賦才能──人有權佔有自己的心理外，同時又給人提供了力量的泉源，人應用這種力量，就可以發揮這種天賦才能，取得無限的成就。而人通過下意識心理可以接觸和吸收「無限智慧」的宇宙力量。

現在你應該可以知道，為什麼大多數人未能從自己的下意識心理得到令人滿意的結果？為什麼大多數人是失敗者而不是成功者？

因此，如果你能以明確的欲望和強烈的信心，對你的下意識心理下達命令，你就能獲得開拓宇宙的力量，創造奇蹟！

## ★策略提要

1．心理是一種把他自己與能影響他人生的一切事物及境遇，聯繫起來的工具。人的一切成敗都是應用或未能應用心理的直接結果。

2．「意志」力的強弱與它的應用恰好成正比。

3．人們在思考的過程中，如能應用心理的所有功能，便是正確的思想家。

4．「想像」對身體能發生十分強有力的影響，它能激活身體的抵抗機制，消除疾病。能仔細處理你的一切目標和目的。

5．沒有人會允許在恐懼和憤怒的影響下做出的任何決定成立，直到意志和理智徹底檢查了這種決定為止。

6．任何問題的思想重複若干次，就能變成習慣。

7．調節心理必須完全依藉下意識心理。

8．一個人所遇到的一切令人不喜歡的境遇，都是由於他忽略了佔有心理並指導心理去達到他所願望的目的。

9．心理的力量是無限的，除了你自己建立的或者允許你身外的影響所建立的那些限制外。

10．無論心理能設想和相信什麼，心理就能達到它。

11．「信心」是力量的象徵，這種力量在合理的範圍內是無限的。

12．你的心理能征服你時時遇到的身體疼痛，和所有其他令人不愉快的境遇。

13．信心能排除一切橫在我道路上的障礙，取消一切自我設制。

14．人有權控制與指揮自己的心理，達到他所選擇的任何正當目的。

〈全書終〉

國家圖書館出版品預行編目資料

你能創造奇蹟／李潤生 教授／編譯
-- 修訂一版 . -- 新北市：新潮社， 2014.08
面； 公分 . --
ISBN 978-986-316-554-5（平裝）

1. 成功法

177.2 103011261

**你能創造奇蹟**

作 者 李潤生 教授

〈企劃〉

益智書坊

〔出版者〕新潮社文化事業有限公司

〔總管理處〕新北市深坑區北深路三段141巷24號4F（東南大學正對面）

電話 (02) 2664-2511 ＊傳真 (02) 2662-4655／2664-8448

〔E-mail〕editor@xcsbook.com.tw

印刷作業：東豪印刷事業有限公司

〈代理商〉

Creative Agency

創智文化有限公司

新北市23674土城區忠承路89號6樓（永寧科技園區）

電話 (02) 2268-3489＊傳真 (02) 2269-6560

修訂一版 2014年8月 Printed in TAIWAN